备考训练

Gemeinsamer Europäischer Referenzrahmen

U0112359

DaF leicht

Prüfungstrainer

欧标德语教程 B1

编　著：［德］比尔吉特·布劳恩
　　　　伊芙琳·施瓦茨
　　　　桑德拉·霍赫曼
编　译：薛　琳

上海译文出版社

Vorwort　前言

　　《欧标德语教程（备考训练）》是一套专门针对欧标德语考试的辅导书，分 A1、A2 和 B1 三个级别，考生可自选级别进行学习备考。本书也可作为《欧标德语教程》系列教材的配套课堂练习使用。

　　本系列每本共十个单元，每单元的主题与《欧标德语教程》系列教材相对应，涵盖了欧标考试相关的题型与考点。"备考训练"与该系列的"练习册"不同，旨在帮助考生系统性地学习、巩固语法要点和考试必备词汇，并且提供与欧标考试题目类型相同的练习。本书每两单元配备一个覆盖听、说、读、写四项语言技能的备考训练板块，帮助考生熟悉考试题型并自测。书中包含不同题型的解题策略，适时给予考生与考试相关的重要信息和实用备考小贴士。在本书的最后有一套与真题难度一致的模拟试题，让考生在最真实的考试氛围中检测自己的德语能力，完成考前冲刺。

　　本书是由上海电机学院德语讲师薛琳负责编译，解析备考训练中部分难点以及提供相关的解题策略，本书还配有相关的音视频讲解，帮助考生更有针对性地进行备考训练。

编译者

Inhalt

Die Symbole bedeuten:

유유	Sie arbeiten zu zweit.
Track	Sie hören einen Audio-Track.
	Das sind Aufgaben mit klarem Prüfungsbezug.
Seite 12/13 KB	Die Seiten verweisen auf Aufgaben im Kursbuch.

Strategie Hier finden Sie Strategien für die Prüfung.

Tipp Hier finden Sie Tipps, wie Sie eine Aufgabe lösen können.

Information Hier finden Sie eine Information zu Grammatik, Wortschatz oder Sprachvergleich.

Mit DaF leicht
zur Prüfung

Themen aus den Lektionen wiederholen, vertiefen und erweitern

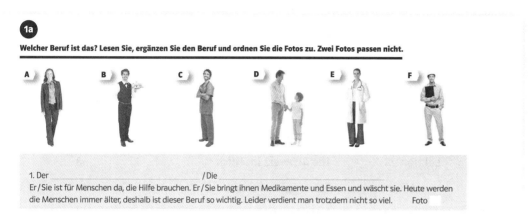

1a

Welcher Beruf ist das? Lesen Sie, ergänzen Sie den Beruf und ordnen Sie die Fotos zu. Zwei Fotos passen nicht.

A   B   C   D   E   F

1. Der _____ / Die _____
Er / Sie ist für Menschen da, die Hilfe brauchen. Er / Sie bringt ihnen Medikamente und Essen und wäscht sie. Heute werden die Menschen immer älter, deshalb ist dieser Beruf so wichtig. Leider verdient man trotzdem nicht so viel.   Foto ☐

- effektive Übungen zu Wortschatz und Grammatik
- Aufgaben zu allen Fertigkeiten mit klarem Prüfungsbezug
- hilfreiche Informationen
- „Richtig Schreiben" in jeder Lektion
- Lernzielangaben auf jeder Seite

→ *Berufsqualifikationen, Relativsätze im Nominativ (Wiederholung)*

7a Track 1 **P**

Auf einer Berufsmesse: Hören Sie die Reportage und kreuzen Sie an: richtig oder falsch.

	richtig	falsch
1. Als Hotelfachfrau / -mann arbeitet man nur in der Küche.	☐	☐
2. Man hat wenig Kontakt mit den Gästen, man organisiert nur alles.	☐	☐
3. Man muss sich auch um die Blumen kümmern.	☐	☐
4. Man arbeitet von Montag bis Freitag.	☐	☐
5. Man findet leicht einen Job.	☐	☐

13a

Was Freunde und Familien füreinander tun. Verbinden Sie.

1. sich gegenseitig	a. Zeit verbringen
2. aufeinander	b. Mut machen
3. füreinander	c. Vertrauen haben
4. sich aufeinander	d. aufpassen
5. zueinander	e. verlassen
6. miteinander	f. da sein

13b

Richtig schreiben: ß oder ss? Ergänzen Sie.

In unserer Gro____familie verla____en wir uns aufeinander. Die Gro____eltern
pa____en auf die Kleinen auf, der gro____e Bruder geht mit der kleinen Schwester zum Fu____ball – wenn alle wi____en, was zu tun ist, gibt es keinen Stre____.
Unser Familienkoch hei____t Walter, er ist mein Onkel. Er kümmert sich darum,
da____ es jeden Tag etwas Hei____es zu e____en gibt. Au____erdem backt er gern –
sein Wei____brot und seine sü____en Kuchen schmecken gro____artig! Tante Irene
ist gern drau____en und genie____t die Arbeit in unserem Garten. Sie stellt immer
einen Blumenstrau____ auf den Tisch. Be____er kann man nicht leben!

Info:

ß steht nach ei, au, eu, ie und langen Vokalen,
außer bei Großbuchstaben: Fußball = FUSSBALL.

Achtung: In der Schweiz schreibt man immer ss!

„ INTENSIV ÜBEN UND AUF
DIE PRÜFUNG VORBEREITEN! "

Prüfungstraining nach jeder zweiten Lektion

- alle Fertigkeiten und Prüfungsformate gezielt trainieren
- prüfungsrelevanten Wortschatz ergänzen
- Strategien und Tipps helfen beim Lösen der Aufgaben
- Checkliste: Bin ich vorbereitet?

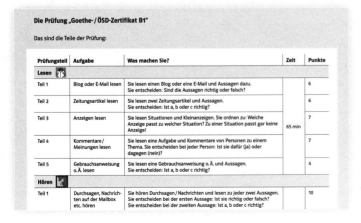

Strategie:

1. Aufgabenblatt genau lesen.
2. Gespräch planen:
   - Vorschläge machen
   - auf Vorschläge reagieren
   - Vor- und Nachteile überlegen
   - gemeinsam entscheiden

Checkliste fürs Sprechen

1. Ich spreche laut und deutlich und sehe mein Publikum an.
2. Ich spreche frei und denke nicht zu viel an die Grammatik.
3. Ich kann kurz etwas über mich selbst sagen.
4. Ich kann Vorschläge machen und auf Vorschläge reagieren.
5. Ich kann meine Meinung ausdrücken und begründen.
6. Ich kann eine Präsentation einleiten und beenden.

Sprechen

1 Stellen Sie sich kurz vor.

Zu Beginn der Prüfung sollen Sie sich kurz vorstellen. Die Prüfer stellen einige Fragen, z.B.:
Wie heißen Sie? Wo wohnen Sie? Was machen Sie beruflich?
Sind Sie verheiratet / ledig? Haben Sie Kinder?
Warum lernen Sie Deutsch? Was machen Sie in der Freizeit?

Spielen Sie die Situation mit Ihrem Partner / Ihrer Partnerin.

Tipp:
Üben Sie zu Hause vor dem Spiegel, solche „Fragen zur Person" zu beantworten. Sehen Sie Ihrem Spiegelbild in die Augen und machen Sie ein freundliches Gesicht!

2a Ein Thema präsentieren: Autos in der Stadt. Notieren Sie persönliche Erfahrungen und Erlebnisse (Stichwörter).

In der Prüfung bekommen Sie ein Arbeitsblatt mit fünf Teilen („Folien").
Folie 2 heißt immer „Meine persönlichen Erfahrungen". Was könnten Sie erzählen? Machen Sie rechts auf der Folie Notizen.

Berichten Sie von Ihrer Situation oder einem Erlebnis im Zusammenhang mit dem Thema.

Autos in der Stadt

Meine persönlichen Erfahrungen

Folie 2

- fahre nie / oft / manchmal ...
- (keine) Parkplatzprobleme

... Stadt: Sprechen Sie über Ihre persönlichen Erfahrungen.

...ck 13

...el für Teil 2 einer Präsentation über Autos in der Stadt.

Jetzt Sie

Sprechen Sie jetzt selbst ca. 30–60 Sekunden. Sie können Ihre Notizen aus 2a benutzen. Ihr Partner / Ihre Partnerin hört zu.

2c Geben Sie eine Rückmeldung zur Präsentation Ihres Partners / Ihrer Partnerin und stellen Sie Fragen.

Ich habe das sehr interessant gefunden, weil ...
Ich habe dieselbe / eine ganz andere Erfahrung gemacht.
Was hast du gemeint, als du gesagt hast: ...? Das habe ich nicht ganz verstanden.
Warum ...?

Info:
die Rückmeldung, -en
(= das Feedback, -s):
Jemand hat etwas gesagt oder getan, und Sie sagen der Person, wie das für Sie war.

2d Beantworten Sie die Fragen.
Tauschen Sie danach die Rollen und beginnen Sie wieder bei 2b.

Zum Schluss: Modelltest

- Vorstellung der Prüfung (Ablauf, Zeit, Inhalte, ...)
- Modelltest Goethe- / ÖSD-Zertifikat B1
- kommentierte Lösungen sowie ein zusätzlicher Übungstext zu Seite 88 auf www.klett-sprachen.de/dafleicht

Die Prüfung „Goethe- / ÖSD-Zertifikat B1"

Das sind die Teile der Prüfung:

Prüfungsteil	Aufgabe	Was machen Sie?	Zeit	Punkte
Lesen				
Teil 1	Blog oder E-Mail lesen	Sie lesen einen Blog oder eine E-Mail und Aussagen dazu. Sie entscheiden: Sind die Aussagen richtig oder falsch?		6
Teil 2	Zeitungsartikel lesen	Sie lesen zwei Zeitungsartikel und Aussagen. Sie entscheiden: Ist a, b oder c richtig?		6
Teil 3	Anzeigen lesen	Sie lesen Situationen und Kleinanzeigen. Sie ordnen zu: Welche Anzeige passt zu welcher Situation? Zu einer Situation passt gar keine Anzeige!	65 min	7
Teil 4	Kommentare / Meinungen lesen	Sie lesen eine Aufgabe und Kommentare von Personen zu einem Thema. Sie entscheiden bei jeder Person: Ist sie dafür (ja) oder dagegen (nein)?		7
Teil 5	Gebrauchsanweisung o. Ä. lesen	Sie lesen eine Gebrauchsanweisung o. Ä. und Aussagen. Sie entscheiden: Ist a, b oder c richtig?		4
Hören				
Teil 1	Durchsagen, Nachrichten auf der Mailbox etc. hören	Sie hören Durchsagen / Nachrichten und lesen zu jeder zwei Aussagen. Sie entscheiden bei der ersten Aussage: Ist sie richtig oder falsch? Sie entscheiden bei der zweiten Aussage: Ist a, b oder c richtig?		10

Lesen, Teil 5

Lesen Sie die Aufgaben 27 bis 30 und den passenden Textabschnitt.
Wählen Sie bei jeder Aufgabe die richtige Lösung a , b oder c .

Sie haben einen neuen Drucker gekauft und lesen die Gebrauchsanweisung.

27 Man soll
a das Gerät nicht in die Sonne stellen.
b zuerst das Kabel mit einer Steckdose verbinden.
c zuerst die Sprache am Computer auswählen.

28 Sollte es Störungen geben,
a findet man in der Anleitung Tipps zur Lösung.
b gibt es auf der Internetseite weitere Hilfe.
c muss man auf jeden Fall den Kundenservice anrufen.

29 Man kann am Gerät einstellen,
a dass man ein Fax über das Internet versenden will.
b wie oft man etwas kopieren möchte.
c in welcher Qualität gedruckt werden soll.

30 Zur Lieferung gehört
a ein Kabel für das Fax.
b ein Programm, um Fotos zu bearbeiten.
c eine Packung Briefumschläge zum Bedrucken.

Multifunktionsdrucker Roxy M1200

Lieferumfang
Ihren neuen Multifunktionsdrucker können Sie als Drucker, Kopierer und Fax verwenden. Dem Karton liegen ein Netzkabel, ein USB-Kabel, eine Software zur Bildbearbeitung sowie 50 Blatt Fotopapier bei. Beachten Sie, dass Sie für die Verwendung als Faxgerät ein gesondertes Kabel benötigen, das nicht zum Lieferumfang gehört.

Aufstellen und Inbetriebnahme
Stellen Sie das Gerät an einem trockenen Platz und möglichst nicht im direkten Sonnenlicht auf. Schließen Sie das Netzkabel zuerst an das Gerät an, stecken Sie es danach in die Steckdose. Verbinden Sie das Gerät über das USB-Kabel mit Ihrem Computer. Stellen Sie am Drucker die Sprache ein (Taste 3).

Funktionen
Um den Drucker zu verwenden, drücken Sie Taste 1 an Ihrem Gerät. Wählen Sie am Computer Papierformat, Druckqualität und Anzahl der Ausdrucke.
Wenn Sie Kopien machen wollen, legen Sie zuerst das Dokument ein, das Sie kopieren möchten. Verwenden Sie Taste 2, um die Anzahl der Kopien einzustellen, anschließend bestätigen Sie mit der Taste „OK".
Für die Verwendung als Faxgerät erhalten Sie weitere Hinweise auf unserer Internetseite oder über den Kundenservice.

Wartung und Service
Verwenden Sie zur Reinigung des Geräts ein trockenes Tuch. Sollten Sie das Gerät längere Zeit nicht verwenden, raten wir, den Netzstecker zu ziehen.
Bei Fehlermeldungen nutzen Sie unsere Hinweise zur Problembehebung am Ende der Gebrauchsanleitung. Zusätzliche Programme und Tipps zum Bearbeiten und Verwalten Ihrer Fotos finden Sie auf unserer Internetseite. Unser Kundenservice berät Sie gern.

1a

Welcher Beruf ist das? Lesen Sie, ergänzen Sie den Beruf und ordnen Sie die Fotos zu. Zwei Fotos passen nicht.

A  B  C  D  E  F

1. Der _____ / Die _____
Er / Sie ist für Menschen da, die Hilfe brauchen. Er / Sie bringt ihnen Medikamente und Essen und wäscht sie. Heute werden die Menschen immer älter, deshalb ist dieser Beruf so wichtig. Leider verdient man trotzdem nicht so viel.　Foto ▢

2. Der _____ / Die _____
Er / Sie fährt Menschen durch die Stadt oder von Ort zu Ort. Er / Sie muss immer höflich bleiben, auch wenn jemand unfreundlich oder aggressiv ist. Wichtig ist, dass er / sie sicher fährt und alle Haltestellen pünktlich erreicht.　Foto ▢

3. Der _____ / Die _____
Ein gepflegtes Aussehen und gute Umgangsformen sind in diesem Beruf sehr wichtig. Man muss immer höflich sein und sollte keine Fehler machen. Man muss den Gästen auch Speisen und Getränke empfehlen können. Der Beruf ist anstrengend, weil man den ganzen Tag auf den Beinen ist.　Foto ▢

4. Der _____ / Die _____
Er / Sie arbeitet gern mit Kindern oder Jugendlichen. Er / Sie spielt gern und ist musikalisch, kann aber auch gut organisieren. Man muss gut im Team arbeiten können.　Foto ▢

1b

Schreiben Sie alle Adjektive aus den Texten heraus. Bei welchen gibt es ein Gegenteil mit +/- un-?

Adjektiv	Gegenteil (+/- un-)	Adjektiv	Gegenteil (+/- un-)
alt	— unwichtig		

2a

Ergänzen Sie die Relativpronomen im Nominativ.

1. Erzieher ist ein Beruf, ▢ sehr interessant ist.

2. Mein Büro, ▢ ganz neu ist, ist sehr schön.

3. Bei Frau Hansen, ▢ eine sehr gute Lehrerin ist, lernen wir viel.

4. Es gibt viele Menschen, ▢ in der Nacht arbeiten müssen.

2b

Verbinden Sie und markieren Sie die Relativpronomen im Akkusativ.

1. Viele Leute,

2. Aber ich habe einen Beruf,

3. Das Team,

4. Und ich habe eine nette Kollegin,

a. das ich leite, arbeitet gut und schnell.

b. die ich kenne, hätten gern einen anderen Job.

c. die ich manchmal auch am Wochenende treffe.

d. den ich wirklich mag.

 3a

Ergänzen Sie die Artikel.

Ich fange jeden Tag um 8:00 Uhr mit _____ Arbeit an. Meistens beginne ich mit _____ Lesen der E-Mails. Dann bespreche ich mit _____ Kollegen und Kolleginnen das Projekt, an dem wir gerade arbeiten. Wir sprechen auch mit _____ Chef über neue Ideen. In der Mittagspause unterhalte ich mich mit _____ Kollegin aus dem Nachbarbüro über das Wochenende. Ich verstehe mich auch mit _____ Projektmanager sehr gut. Wenn ich meine Arbeit mit _____ Job vergleiche, den mein Mann hat, bin ich sehr zufrieden.

 3b

Ergänzen Sie die Relativpronomen.

1. Unser Chef, mit _____ wir unsere Ideen besprechen, ist sehr nett.

2. Die Kollegin, mit _____ ich mich in der Mittagspause unterhalte, hat interessante Hobbys.

3. Das Projekt, mit _____ wir erfolgreich waren, hat viel Spaß gemacht.

4. Die Kollegen und Kolleginnen, mit _____ ich zusammenarbeite, sind immer gut gelaunt.

Info:

Relativpronomen und Definitartikel sind im Nominativ, Akkusativ und Dativ gleich. Ausnahme: Dativ Plural!

 4

Schreiben Sie Relativsätze.

Beispiel: Die Patienten sprechen gern mit Tim. Tim ist ein Pfleger, *mit dem die Patienten gern sprechen.*

1. Die Fahrgäste sind mit Melanie immer zufrieden.

Melanie ist eine Busfahrerin, _____

2. Die anderen Busfahrer können immer mit ihr rechnen.

Sie ist eine nette Kollegin, _____

3. Die Gäste unterhalten sich gern mit Costa.

Costa ist ein Kellner, _____

4. Costa arbeitet mit fünf Kollegen zusammen.

Costa hat fünf Kollegen, _____

 5a

Sachen, mit denen wir etwas machen: Legen Sie zwei Gegenstände auf den Tisch und sprechen Sie.

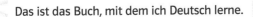 Das ist das Buch, mit dem ich Deutsch lerne.   Das ist die Tasche, mit der ich jeden Tag komme.

5b

Schließen Sie die Augen. Nehmen Sie einen Gegenstand vom Tisch und sprechen Sie.

Ich denke, das ist das Buch, mit dem Maja Deutsch lernt.   Ich denke, das sind die ...

Verbinden Sie.

1. sich für
2. für
3. um
4. sich um
5. mit
6. in
7. sich auf

a. Kranke kümmern
b. Rat fragen
c. eine Idee begeistern
d. schwierigen Situationen umgehen können
e. Not sein
f. die Kollegen verlassen können
g. andere Menschen da sein

  Track 1

Auf einer Berufsmesse: Hören Sie die Reportage und kreuzen Sie an: richtig oder falsch.

1. Als Hotelfachfrau / -mann arbeitet man nur in der Küche. ☐ richtig ☐ falsch
2. Man hat wenig Kontakt mit den Gästen, man organisiert nur alles. ☐ richtig ☐ falsch
3. Man muss sich auch um die Blumen kümmern. ☐ richtig ☐ falsch
4. Man arbeitet von Montag bis Freitag. ☐ richtig ☐ falsch
5. Man findet leicht einen Job. ☐ richtig ☐ falsch

7b

Hören Sie die Reportage noch einmal und schreiben Sie Sätze mit zu + Infinitiv.

dass du mit Menschen arbeitest | ~~dass man immer den Überblick hat~~ | dass du auch in anderen Ländern einen Job findest |
dass du auch am Wochenende arbeiten musst | dass man immer freundlich bleiben muss

Beispiel: An der Rezeption ist es besonders wichtig, *immer den Überblick zu haben.*

1. Es muss dir Spaß machen, _____

2. Manchmal ist es vielleicht nicht ganz leicht, _____

3. Es darf dir nichts ausmachen, _____

4. Aber du hast gute Aussichten, _____

8a

Was ist Ihnen wichtig? Ergänzen Sie die Sätze.

viel Geld verdienen – gesund sein – interessanten Job / gute Freunde / Kinder haben – Deutsch lernen – viel arbeiten – viel reisen …

Es ist mir wichtig, _____

Es ist mir nicht wichtig, _____

Es macht mir Spaß, _____

Es macht mir keinen Spaß, _____

Ich finde es schön, _____

8b

Fragen Sie Ihren Partner / Ihre Partnerin und machen Sie Notizen. 옷옷

Was ist dir wichtig? Was findest du schön? ...

Info:

Es ist mir / ihm / ihr / ihnen / ... wichtig.
= Es ist wichtig für mich. / ihn. / sie. / ...
Was ist dir / ihm / ... wichtig?
Meine Familie ist mir wichtig.

8c

Berichten Sie.

John ist es wichtig, ... zu ... Er findet es schön, ... zu ...

9

Finden Sie zehn Gegenstände und ordnen Sie sie nach dem Artikel.

bal Bat er fel Fern Feu fla glas Hand Koch lam löf lon Luft mes pe Pflas rie sche schen schen ser ter Ta Ta te tuch Wärm zeug

der: _____

das: _____

die: _____

10a **P**

Annas Blog. Lesen Sie den Text und wählen Sie: richtig oder falsch.

Macht Besitz glücklich? Ich glaube, nein.
Ich habe nur noch wenige Dinge in meiner Wohnung und es geht mir gut damit. Ich habe ein Bett und einen Schlafsack, einen Stuhl und einen Tisch, an dem ich esse und arbeite, und eine Lampe. In zwei Boxen habe ich meine 50 Bücher. Meine Kleider passen in einen Koffer: T-Shirts und Unterwäsche, ein paar Röcke und Hosen, drei Pullis und Sportsachen. Dann habe ich noch vier Paar Schuhe und einen Mantel. Früher habe ich jeden Morgen überlegt: Was ziehe ich an? Was passt zusammen? Heute ist das kein Problem mehr.
Leichter ist es auch im Haushalt: Ich habe nur wenige Teller, Tassen und Gläser, deshalb brauche ich keine Spülmaschine. Ich besitze keinen Staubsauger, keinen Kühlschrank und keine Kaffeemaschine. Für alle Küchenarbeiten brauche ich nur rund zwanzig Sachen.
Früher hatte ich auch viele Pflanzen in meiner Wohnung. Die habe ich meiner Freundin geschenkt.
Es gibt aber auch Dinge, ohne die ich nicht leben möchte: mein Laptop, das Sofa, mein Klavier und meine Familien- und Urlaubsfotos.

1. Anna besitzt nur zwei Boxen mit Sachen.	☐ richtig	☐ falsch
2. Zum Kochen braucht sie nur 20 Dinge.	☐ richtig	☐ falsch
3. Sie findet es leicht, etwas zum Anziehen zu finden.	☐ richtig	☐ falsch
4. Anna hat keine Pflanzen mehr in der Wohnung.	☐ richtig	☐ falsch
5. Sie liebt ihre Kaffeemaschine.	☐ richtig	☐ falsch
6. Ohne ihren Laptop möchte sie nicht leben.	☐ richtig	☐ falsch

der Staubsauger, -

10b

Lesen Sie Annas Blog noch einmal und notieren Sie die Dinge.

1. Was braucht Anna zum Arbeiten? _____

2. Was braucht Anna zum Anziehen? _____

3. Was braucht Anna zum Relaxen und für die Freizeit? _____

10c

Und Sie? Was brauchen Sie? Fragen Sie Ihren Partner / Ihre Partnerin.

Was brauchst du zum Arbeiten / Anziehen? Was brauchst du für die Freizeit?

10d

Kommentare zu Annas Blog: Markieren Sie mit + (gleiche Meinung) oder – (andere Meinung).

1. Ich finde super, was du machst. Zum Glücklichsein braucht man nicht viel. Weiter so! ☐

2. Ich weiß nicht … Es ist doch schön, viele Dinge haben zu können. Wir sollten dankbar dafür sein! ☐

3. Das überzeugt mich eigentlich nicht. Wozu braucht der Mensch ein Sofa? Ein Kühlschrank ist doch wichtiger! ☐

4. Ich sehe das anders. Ich arbeite hart für mein Geld, und dann will ich mir auch schöne Sachen kaufen. ☐

5. Ich stimme dir zu: Wozu braucht man viele Kleider? ☐

10e **P**

Schreiben Sie auch einen Kommentar zu Annas Blog.

_____

_____

_____

11

Richtig schreiben: Ergänzen Sie „ie".

Beispiel: Erzher *Erzieher*

1. Stofftr _____
2. Batter _____
3. Frden _____

4. wgen _____
5. vermten _____
6. unterschdlich _____
7. grchisch _____

12

Blumengießen bei Meiers. Lesen Sie den Dialog und ergänzen Sie die Tabelle.

Moni: Meiers haben wirklich eine schöne Wohnung! Guck mal, der hübsche Stuhl und das neue Sofa!
Kurt: Die Farbe des Stuhls gefällt mir aber nicht, und die Form des Sofas ist total langweilig.
Moni: Was für eine schöne Pflanze … Wie findest du die beiden Teppiche hier?
Kurt: Die Muster der Teppiche sind schrecklich. Und die Größe der Pflanze ist ein Problem. Beeil dich, ich will nach Hause.

Nominativ	der Stuhl	das Sofa	die Pflanze	die Teppiche
Genitiv	*des Stuhls*			

13a

Was ist das? Schreiben Sie.

Beispiel: die Größe der Kleider = *die Kleidergröße*

1. die Farbe der Wand = _____

2. die Geschichte des Lebens = _____

3. der Wechsel des Jobs = _____

4. die Besitzerin der Hunde = _____

13b

Was ist das? Schreiben Sie.

Beispiel: die Ausstellungsexponate = *die Exponate der Ausstellung*

1. der Taxifahrer = _____

2. die Museumsleitung = _____

3. der Krankenpfleger = _____

4. die Tischhöhe = _____

14a

Wählen Sie Text A oder B. Ihr Partner / Ihre Partnerin nimmt den anderen Text. Ergänzen Sie die Verben.

A

stellte | verkaufte | erinnerte | steckte | probierte | machte | entwickelte | schmeckte | war

B

überlegte | backte | verkaufte | wollte | arbeitete | war | waren | machten | gründete | hatte | hatten | konnte

Eis am Stiel

Mit elf Jahren *machte* Frank Epperson aus Kalifornien zufällig das erste Eis am Stiel. An einem Wintertag im Jahr 1905 _____ er ein Glas Limonade auf einen Tisch im Garten. In dem Glas _____ ein Löffel. Am nächsten Tag _____ der Löffel im Eis fest. Er _____ das Eis, und es _____ gut! Als Erwachsener _____ er sich daran und _____ daraus ein Produkt, das er erfolgreich _____.

Die Eistüte

Italo Marchioni *arbeitete* als Eisverkäufer in New York und _____ sein Eis in Gläsern auf der Straße. Die Gläser _____ teuer und _____ viel Arbeit. Er _____ und _____ eine Idee: Er _____ eine Eistüte entwickeln, die man essen _____ . Er _____ kleine dünne Kuchen, bis er mit der Form zufrieden _____ . Seine leckeren Eistüten _____ so viel Erfolg, dass er eine Fabrik dafür _____ .

14b

Erzählen Sie Ihrem Partner / Ihrer Partnerin Ihre Geschichte aus 14a.

Info:

Suppe: kochen
Kuchen: backen

Track 2

Hören Sie die Gespräche. Über welche Fotos sprechen die Personen?

Hören Sie die Gespräche noch einmal und kreuzen Sie an: richtig oder falsch.

1. Der alte Fotoautomat war noch in Ordnung. ☐ richtig ☐ falsch
2. Claudi bekam am ersten Schultag viele Süßigkeiten. ☐ richtig ☐ falsch
3. Das Paar weiß nicht mehr, wie das Strandcafé hieß. ☐ richtig ☐ falsch
4. Meggie ist ein kleines Mädchen. ☐ richtig ☐ falsch

1c

Ergänzen Sie die Sätze aus den Gesprächen mit den richtigen Verbformen. Hören Sie dann noch einmal zur Kontrolle.

haben | werden | fotografieren | fahren | lachen | ~~finden~~ | machen | schicken | können
Beispiel: Schau mal, was ich in meiner Fotosammlung *gefunden* habe.

1. Wo hast du den denn   ?

2. Ich werde dir auf jeden Fall eins   .

3. Du   so glücklich auf dem Foto.

4. Am Abend   ich Bauchschmerzen.

5. Ich   meine Wanderschuhe nicht finden.

6. Was meinst du, werden wir mal wieder nach Amrun   ?

7. Das Foto habe ich letzte Woche   .

8. Ich glaube, ich   nächste Woche auch mal ins Tierheim gehen.

1d

Sortieren Sie die Sätze aus 1c nach den Zeitformen.

Präsens: _____   Perfekt: *1,* _____   Präteritum: _____   Futur: _____

2

Was ist das? Schreiben Sie.

Beispiel: die Gegend, wo man wohnt: *die Wohngegend*

1. der Hersteller von Uhren: _____   4. das Foto aus der Schule: _____

2. der Kaffee am Sonntag: _____   5. die Marke, die Luxus ist: _____

3. der Müll aus Plastik: _____   6. die Geschichte über Erfolg: _____

3a

Finden Sie die Verben im Präteritum und ergänzen Sie den Infinitiv.

Beispiel: ßa: *aß*   *essen*

1. bag: _____   _____

2. strab: _____   _____

3. teannn: _____   _____

4. durwe: _____   _____

5. has: _____   _____

6. hetat: _____   _____

Tipp:

Lernen Sie unregelmäßige Verben zusammen mit der Präteritumform und dem Partizip Perfekt:
kommen – kam – gekommen
Führen Sie eine Liste!

3b

Eine Erfolgsgeschichte. Ergänzen Sie die Verben.

arbeitete | aßen | beobachtete | glaubten | entdeckten | eröffnete | gab | hatte | hatten | kam | legte | nannte |
sah | starb | verkaufte | war | wurde

Es _____ das Jahr 1960. Der 26-jährige Kadir Nurman _____ mit vielen Landsleuten

aus der Türkei nach Deutschland, denn dort _____ es viel Arbeit, aber zu wenig Arbeitskräfte.

Ab 1966 _____ Kadir als Mechaniker in Berlin. In der Mittagspause _____

er die anderen Arbeiter und _____, dass die meisten nur wenig Zeit zum Essen _____.

Da _____ er eine Idee: Er _____ Fleisch und ein bisschen Salat in ein türkisches Brot, _____ es

„Döner Kebab" und _____ es an seinem Imbissstand, den er 1972 am Kurfürstendamm _____.

Anfangs _____ nur Türken bei ihm. Dann _____ auch die Deutschen das neue „Fast Food".

Lange _____ die Deutschen, der Döner wäre typisch türkisch. Falsch – der leckere Imbiss _____ in

Deutschland geboren!

Kadir Nurman, der „Vater des Döners", _____ 2013 im Alter von 80 Jahren in Berlin.

3c Ⓟ

Lesen Sie noch einmal und kreuzen Sie an: a, b oder c.

1. In diesem Text geht es um
   a. die Geschichte des Fast Food in Deutschland.
   b. die Entstehungsgeschichte des Döners.
   c. türkische Speisen.

2. 1960 gab es in Deutschland
   a. nicht genug Arbeitskräfte.
   b. nicht genug Arbeit.
   c. nur Arbeiter und Arbeiterinnen aus Deutschland.

3. 1966
   a. kam Kadir Nurman nach Berlin.
   b. machte Kadir eine Ausbildung als Mechaniker.
   c. eröffnete Kadir einen Imbissstand.

4. Kadir Nurman
   a. brachte die Idee für den Döner aus der Türkei mit.
   b. verkaufte auch vegetarische Döner.
   c. lebt nicht mehr.

Track 3

Hören Sie: Was haben die Personen in der Zeitung gelesen? Welche drei Überschriften passen?

Müllabfuhr in der Krise

Tierarzt ist immer noch Traumberuf von Kindern

Ungewöhnlicher Fahrgast musste wieder aussteigen

Selbstständiger Vierbeiner

Wertvoller Müll

SCHWEINEFLEISCH IMMER TEURER

Lesen Sie die Textausschnitte und markieren Sie alle Verben im Präteritum wie im Beispiel.

1. *Cuxhaven.* Müllmann K. machte große Augen, als er den Koffer öffnete, der im Müll lag. In dem Koffer fand er Geldscheine im Wert von über 50.000 Euro. Die Polizei sucht noch nach dem Besitzer des Geldes.

2. *Zwickau.* Ganz allein und ohne Termin kam gestern Nachmittag ein vierbeiniger Patient in eine Tierarztpraxis in der Stadtmitte. Der dreijährige Schäferhund Rex saß mit einem verletzten Fuß an der Rezeption. Der Arzt, der Rex von früheren Besuchen kannte, rief die erstaunte Besitzerin an und versorgte dann den Fuß des Hundes.

3. *Heidelberg.* Am Sonntagabend wollten drei Männer und eine Frau ein Schwein in der S-Bahn transportieren. An der Haltestelle Weststadt / Südstadt stiegen sie mit dem Tier in die S 5 ein. Ein Bahnangestellter bat die Personen, wieder auszusteigen. Als diese laut und aggressiv protestierten und nicht aussteigen wollten, rief der Bahnmitarbeiter die Polizei.

Hören Sie noch einmal und ergänzen Sie die Sätze aus den Hörtexten. Vergleichen Sie dann mit den Zeitungstexten.

1. „Da hat jemand einen Koffer mit 50.000 Euro _____!"

2. „Der Koffer hat im Müll _____."

3. „Ein kranker Hund ist allein zum Tierarzt _____."

4. „Er hat in der Praxis an der Rezeption _____."

5. „Da sind welche mit einem Schwein in die S-Bahn _____!"

6. „Und dann haben sie _____, als sie aussteigen sollten."

Info:

Zeitungsberichte verwenden normalerweise Präteritum.

Beim Berichten oder Erzählen im Alltag verwendet man in Süddeutschland und Österreich meistens Perfekt (außer bei sein, haben und Modalverben).

Im Norden von Deutschland hört man aber auch in der gesprochenen Sprache oft Präteritum.

Haben Sie auch etwas Verrücktes in der Zeitung gelesen? Erzählen Sie.

A: Da ist / hat jemand …
Ich habe gelesen, dass …
In der Zeitung hat gestanden, dass …

B: Was? Echt? Ehrlich? Wirklich?
Unglaublich! / Wie süß! / Wie toll! / …
Das ist ja verrückt! / ein Ding! / …
Glaubst du, das ist wirklich passiert?

5

Schreiben Sie die Geschichte nach den Stichwörtern. Verwenden Sie Präteritum.

kurz nach Weihnachten: Herr und Frau Schücking, in die Stadt zum Einkaufen • nämlich / weil: Frau Schücking braucht Kleid und Schuhe / großer Neujahrsball • zuerst / und dort: Modegeschäft / Frau Schücking probiert viele Ballkleider an • nach einer Stunde / deshalb: Herr Schücking wird müde / setzt sich auf Stuhl hinter Vorhang • nach ein paar Minuten: schläft ein • zehn Minuten später / und: Frau Schücking findet ihr Traum-

kleid, geht zur Kasse, bezahlt • dann / denn: geht schnell aus Geschäft / schon spät und will noch ins Schuhgeschäft • denkt, ihr Mann wäre schon gegangen • plötzlich: Herr Schücking wacht auf • alles dunkel und still • schnell / aber: läuft zur Tür / abgeschlossen • schließlich / und: klettert ins Schaufenster, springt auf und ab / ruft laut • am Ende / und: Spaziergänger bemerkt ihn / rettet ihn

An einem Samstagvormittag kurz nach Weihnachten gingen Herr und Frau Schücking in die Stadt zum Einkaufen. Frau Schücking brauchte nämlich ein neues Kleid und Schuhe, weil sie und ihr Mann zu einem großen Neujahrsball wollten. Zuerst gingen sie

6

Richtig schreiben: Ergänzen Sie doppelte oder einfache Buchstaben.

1. herste____en
2. Mi____ernacht
3. Qua____ität
4. Mode____
5. Regi____eur
6. Ka____erad
7. I____dustrie
8. Werksta____
9. Pu____e
10. Ru____rik
11. kontro____ieren
12. grati____
13. Pla____tik
14. re____en
15. Erlaubni____

7a

Finden Sie zehn Wörter aus Politik und Geschichte.

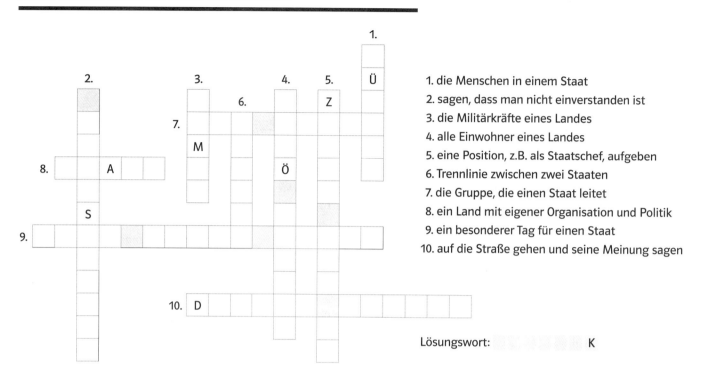

1. die Menschen in einem Staat
2. sagen, dass man nicht einverstanden ist
3. die Militärkräfte eines Landes
4. alle Einwohner eines Landes
5. eine Position, z.B. als Staatschef, aufgeben
6. Trennlinie zwischen zwei Staaten
7. die Gruppe, die einen Staat leitet
8. ein Land mit eigener Organisation und Politik
9. ein besonderer Tag für einen Staat
10. auf die Straße gehen und seine Meinung sagen

Lösungswort: _ _ _ _ _ _ _ K

7b

Ein Quiz. Mit welchen Wörtern stimmen die Informationen? Markieren Sie.

Beispiel: Die Alliierten teilten Deutschland nach / vor dem Zweiten Weltkrieg in vier Zonen auf.

1. Ab / Bis 1949 gab es zwei deutsche Staaten: die Bundesrepublik Deutschland (BRD) und die Deutsche Demokratische Republik (DDR).

2. Es gab jetzt in Deutschland zwei Hauptstädte: Berlin und Bonn, und zwar ab dem / bis zum Mauerfall 1989.

3. Obwohl / Während Deutschland geteilt war, konnten sich Familien nur schwer besuchen, und das Leben der Menschen im Osten und Westen war sehr unterschiedlich.

4. Zwischen den beiden deutschen Staaten war eine Grenze, aber anfangs / immer wieder flohen Menschen in den Westen.

5. Nach / In den 1980er Jahren protestierten und demonstrierten die Bürger und Bürgerinnen der DDR immer öfter.

6. Erich Honecker trat im Oktober 1989 zurück, und damals / kurz danach öffnete man die Mauer.

7. Seit / Während Deutschland wiedervereinigt ist, ist Berlin wieder die offizielle Hauptstadt.

8. Die Bevölkerung von Bonn war ein bisschen traurig, als / wenn der größte Teil der Regierung 1994 nach Berlin umzog.

9. Im Westen war seit / vor der Wiedervereinigung 1990 der 17. Juni Nationalfeiertag.

10. Heute ist der Nationalfeiertag beim / am 3. Oktober.

8 Seite 31, KB

Während oder seit? Lesen Sie noch einmal den Text im Kursbuch und ergänzen Sie.

1. _____ er klein war, wusste Christian Schwochow, dass seine Mutter nach Paris wollte.
2. _____ seine Eltern sich ein anderes Leben wünschten, träumte Christian von Coca Cola und der Freiheitsstatue.
3. Christian kennt den Westen, _____ er elf ist.
4. _____ er im Ferienlager in Frankreich war, war es sehr heiß.
5. Christians Mutter feierte ihren 40. Geburtstag, _____ die Familie in Paris war.

9a

Was haben Ben und Tom am Samstag gleichzeitig gemacht? Schreiben Sie Sätze mit während.

Bens Kalender

10:00	mit Papa im Supermarkt einkaufen
12:30	Mittagessen
14:00	an Präsentation arbeiten
16:00	im Park joggen
17:30	Moni vom Bahnhof abholen
20:00	fernsehen

Toms Kalender

10:00	Fahrrad reparieren
12:30	Bücher in Bibliothek abgeben
14:00	Türkisch lernen mit Jannis
16:00	Gitarre üben
17:30	Oma zu ihrer Freundin fahren
20:00	Kino

Beispiel: Während Ben mit seinem Vater im Supermarkt eingekauft hat, hat Tom sein Fahrrad repariert.

1. _____
2. _____
3. _____
4. _____
5. _____

9b

Und was haben Sie am Samstag gemacht? Schreiben Sie Stichwörter, wie in Bens und Toms Kalender.

10:00 _____

12:30 _____

14:00 _____

16:00 _____

17:30 _____

20:00 _____

9c

Sprechen Sie mit Ihrem Partner / Ihrer Partnerin. Zeigen Sie Ihren Kalender nicht!

A: Was hast du um 14:00 Uhr gemacht?   B: Da habe ich Deutsch gelernt.

   Ah! Während du Deutsch gelernt hast, bin ich spazieren gegangen.

Lesen

1 **Lesen Sie den Text und die Aufgaben 1 bis 6. Wählen Sie:**
Sind die Aussagen [richtig] **oder** [falsch] **?**

Strategie:

1. Aufgaben lesen.
2. Text lesen und markieren:
   Wo sind die gesuchten Informationen?
3. Antworten ankreuzen.

Tipp:

– Üben Sie ohne Wörterbuch! In der Prüfung dürfen Sie auch keins verwenden.
– Wenn Sie die Übung gemacht haben, markieren Sie alle unbekannten Wörter. Sie werden sehen, dass sie nicht nötig waren, um die Fragen zu beantworten. Und manche Wörter können in Ihrer Muttersprache ähnlich sein, z.B. Satellit.

Fredriks Blog

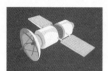 Hallo Leute! Endlich habe ich wieder einmal Zeit zum Bloggen. Wie ihr ja wisst, studiere ich Mechatronik an der Technischen Universität. Und weil man während dieses Studiums auch ein Berufspraktikum machen muss, war ich Anfang Juli auf der Suche nach Organisationen und Projekten, die Praktikumsplätze anbieten. Bei einer Infoveranstaltung habe ich vom WFR (Weltraum-Forschungs-Institut) gehört. Ich habe mich beworben, Glück gehabt und einen Platz bekommen.

Neuer Arbeitsplatz, neue Kollegen und neue Aufgaben – ich war schon ein bisschen nervös. Aber alle sind total nett und hilfsbereit, sodass ich mich richtig wohlfühle, auch jetzt in der dritten Woche meines Praktikums.

Findet ihr Satelliten spannend? Ich auf jeden Fall. Darum habe ich mich über meine erste Aufgabe auch total gefreut. In den letzten drei Wochen durfte ich – natürlich zusammen mit Kollegen - am Bau einer Basisstation für Satelliten arbeiten. Dabei habe ich sehr viel gelernt: Was man für so eine Basisstation braucht (Server, HF-Leistungsverstärker, Antennen …) und wie man diese Teile genau verbindet, damit die Station mit den Satelliten kommunizieren kann. Das ist wirklich interessant. Man darf aber keine Angst vor der Höhe haben – die Station ist nämlich auf dem Dach eines Hochhauses! Für mich ist das zum Glück kein Problem. Von dort oben hat man eine großartige Aussicht! ☺

Nächste Woche arbeite ich bei der Veranstaltung „Kinder und Wissenschaft" mit, die jedes Jahr in den Sommerferien stattfindet. Wir werden mit den Kindern Wasserraketen bauen und Kinderastronautenanzüge anprobieren. Das wird sicher lustig.

So, jetzt ruft wieder die Arbeit! Bis bald – euer Fredrik

Beispiel

0. Fredrik ist Student. | ~~richtig~~ | falsch

Jetzt Sie

1. Fredrik studiert Weltraumforschung.	richtig	falsch
2. Er hat im Sommer sein Studium abgeschlossen.	richtig	falsch
3. Fredrik ist jetzt seit mehr als zwei Wochen am WFR.	richtig	falsch
4. Fredrik lernt viel über die technischen Bedingungen von Satellitenkommunikation.	richtig	falsch
5. Es macht Fredrik nichts aus, auf Häuserdächern zu arbeiten.	richtig	falsch
6. Er wird nächste Woche im Schulunterricht mitarbeiten.	richtig	falsch

Hören

1 **Sie hören nun einen Text. Sie hören den Text einmal. Dazu lösen Sie fünf Aufgaben.**
Wählen Sie bei jeder Aufgabe die richtige Lösung a **,** b **oder** c **. Lesen Sie jetzt die Aufgaben.**
Dazu haben Sie 60 Sekunden Zeit.

Strategie:

1. Situationsbeschreibung und Aufgaben lesen.
2. Schlüsselwörter markieren.
3. Text hören und Antworten ankreuzen.

Tipp:

– Lesen Sie die Situationsbeschreibung genau. Sie wissen dann viel besser, was Sie im Hörtext erwartet. Das hilft Ihnen beim Verstehen.
– Keine Angst, Sie müssen nicht jedes Wort verstehen.
– Sie sind nicht sicher? Kreuzen Sie trotzdem eine Antwort an.

Sie sind bei einer Informationsveranstaltung der *Neuenheimer Zeitung*.

Überlegen Sie: Was erfahren Sie über das Thema?
Was für Informationen erwarten Sie?

Beispiel Track 4

0. Im ersten Teil des Vortrags geht es um …
   a die Geschichte der *Neuenheimer Zeitung*.
   b die Vorteile von Praktika.
   c das Studienfach Journalismus.

Sie hören:

Schönen guten Abend. Mein Name ist Rüdiger Weymann und ich begrüße Sie herzlich bei der *Neuenheimer Zeitung* zu unserer Informationsveranstaltung über Praktika. Ich freue mich sehr, dass Sie so zahlreich erschienen sind. Ich werde Ihnen zuerst einen Überblick geben – im ersten, dem allgemeinen Teil sage ich Ihnen etwas zu den Vorteilen eines Berufspraktikums und im zweiten …

Jetzt Sie Track 5

1. Beim Berufspraktikum
   a kann man gut verdienen.
   b sollte man schon viel Erfahrung haben.
   c kann man berufliche Kontakte aufbauen.

2. Nach dem Praktikum
   a erinnern sich die Mitarbeiter selten an Sie.
   b haben Sie eine klarere Vorstellung von dem Beruf.
   c bekommen Sie bestimmt eine Stelle bei der Firma.

3. Bei der *Neuenheimer Zeitung*
   a müssen die Praktikanten keinen Kaffee kochen.
   b müssen die Praktikanten vor allem Kopien machen.
   c sind die Praktikanten immer zufrieden.

4. Die Praktikanten und Praktikantinnen der *Neuenheimer Zeitung*
   a bereiten Meetings vor.
   b kontrollieren, ob Fehler in den Texten sind.
   c schreiben Artikel.

5. Die Praktikanten und Praktikantinnen der *Neuenheimer Zeitung*
   a haben viel Kontakt zu Politikern.
   b dürfen Interviews machen.
   c lernen, wie eine Redaktion arbeitet.

Schreiben

 Womit kann man etwas begründen? Markieren Sie.

als | deshalb | dann | weil | dass | wenn | nachdem | denn | nämlich |
aus diesem Grund | seit | ob

Info:

etwas begründen
= Gründe nennen = sagen, warum

 Vorschläge machen. Was passt nicht? Streichen Sie.

Warum warst du am Samstag nicht ...? | Wir könnten am Samstagabend ... | Was hältst du davon, wenn wir ...? | Ich finde, du
solltest ... | Wie wäre es, wenn wir ...? | Hast du Lust, ... zu ...? | Wollen wir mal wieder ...? | Ich möchte nie wieder mit dir ...

 Schreiben Sie eine E-Mail (circa 80 Wörter). Dazu haben Sie 20 Minuten Zeit.

Beispiel

0. Sie haben am Samstag einen Ausflug gemacht. Ihre Freundin Bea konnte nicht mitkommen, weil sie krank war.

   1. Beschreiben Sie: Wo waren Sie und wie war der Ausflug?

   2. Begründen Sie: Was hat Ihnen besonders gefallen und warum?

   3. Schlagen Sie vor, sich zu treffen.

Strategie:

1. Situationsbeschreibung genau lesen.
2. Zu jedem Punkt Notizen machen.
3. Zu allen drei Punkten etwas schreiben.
4. Textaufbau beachten
   (Anrede, Einleitung, Reihenfolge, Gruß).

So kann Ihre E-Mail aussehen:

> Liebe Bea,
> hoffentlich geht es dir schon besser. Schade, dass du am Samstag nicht nach Heidelberg mitkommen
> konntest. Der Ausflug hat mir sehr gut gefallen. Ich war vor vielen Jahren schon einmal dort, aber diesmal hat
> es mir besonders gut gefallen, weil ich eine Schifffahrt auf dem Neckar gemacht habe. Vom Schiff aus kann
> man nämlich das berühmte Schloss sehr schön sehen. Außerdem habe ich noch einen schönen Spaziergang
> und viele (zu viele!) Fotos gemacht. Möchtest du sie sehen? Hast du Lust, mich am nächsten Wochenende
> zu besuchen? Schreib mir doch bitte kurz.
> Liebe Grüße
> Valentina

Jetzt Sie

1. Sie haben am Wochenende eine Städtereise gemacht. Ihr Freund Hoseok konnte nicht mitkommen, weil er Prüfungen hatte.

   1. Beschreiben Sie: Wohin sind Sie gefahren / geflogen und wie war es?

   2. Begründen Sie: Was hat Ihnen besonders gefallen und warum?

   3. Schlagen Sie vor, sich zu treffen.

_____

_____

_____

_____

_____

_____

_____

Sprechen 👄

1 **Ihr Partner / Ihre Partnerin und Sie sollen gemeinsam etwas planen. Lesen Sie das Aufgabenblatt und sprechen Sie.** ᎯᎯ

Sie ziehen bald um und wollen einige alte Sachen auf dem Flohmarkt verkaufen.
Ein Freund / Eine Freundin will Ihnen helfen.

Sprechen Sie über die Punkte unten, machen Sie Vorschläge und reagieren Sie
auf die Vorschläge Ihres Gesprächspartners / Ihrer Gesprächspartnerin.
Planen und entscheiden Sie gemeinsam, was Sie tun möchten.

Einen Flohmarktstand planen:

– *Was verkaufen?*
– *Wie viel Geld dafür / Preise?*
– *Kleiner Flohmarkt übermorgen oder großer in drei Wochen?*
– *Transport, Tische etc.?*
– *…*

Strategie:

1. Aufgabenblatt genau lesen.
2. Gespräch planen:
   – Vorschläge machen
   – auf Vorschläge reagieren
   – Vor- und Nachteile überlegen
   – gemeinsam entscheiden

Was kann man sagen? Sammeln Sie Ideen:

Vorschläge machen: *Wir könnten … – Wollen wir vielleicht? –* _____

reagieren: *Gute Idee! – Ach nein. Besser nicht, weil … –* _____

Vor- und Nachteile: *Ein Vorteil bei … ist, dass … –* _____

entscheiden: *Ja, das machen wir. –* _____

So könnten Sie beginnen:

A: Du weißt ja, ich ziehe um und möchte neue Sachen kaufen.
Ich habe gedacht, ich verkaufe die alten auf dem Flohmarkt.

B: Gute Idee! Ich würde dir gern helfen.
Was möchtest du denn….

Tipp:

– Schauen Sie noch einmal in die einzelnen Lektionen:
  Finden Sie noch mehr Ideen, was man beim gemeinsamen
  Planen sagen kann?
– Spielen Sie das Gespräch mindestens zweimal und
  tauschen Sie auch die Rollen.

Seite 36, KB

Lesen Sie die Texte 1 und 5 im Kursbuch noch einmal und kreuzen Sie an: richtig oder falsch.

1. Klara versteht viel von Technik. ☐ richtig ☐ falsch
2. Die Schwestern haben die gleiche Augenfarbe. ☐ richtig ☐ falsch
3. Die beiden Freunde kennen sich erst kurze Zeit. ☐ richtig ☐ falsch
4. Die Freunde sind Nachbarn. ☐ richtig ☐ falsch
5. In schweren Zeiten hat Lennart seinem Freund geholfen. ☐ richtig ☐ falsch

2a 🔊 *Track 6*

Ergänzen Sie weil, dass, trotzdem. Hören Sie dann noch einmal zur Kontrolle.

Ich heiße Stefan und möchte Profiradfahrer werden. Seit einem Jahr trainiere ich mit Ingo. Im Moment ist er der wichtigste Mensch in meinem Leben, _____ er mich motiviert und unterstützt. Er ist streng, und sein Trainingsprogramm ist ziemlich hart. _____ verstehen wir uns wunderbar. Am Anfang konnte ich das nicht verstehen, und ich hatte oft keine Lust. _____ habe ich mitgemacht. Ingo hat mir nämlich klargemacht, _____ es ohne harte Arbeit nicht geht.

2b

Markieren Sie im Text die Verben in den Nebensätzen mit „weil" und „dass".

2c

Schreiben Sie die Sätze mit „trotzdem" ab und markieren Sie die Verben.

_____ .

_____ .

3

Schreiben Sie Sätze mit „obwohl". Markieren Sie die Verben in den Hauptsätzen wie im Beispiel.

Beispiel: Eva und Hans mögen sich nicht besonders, trotzdem wohnen sie zusammen.

Obwohl Eva und Hans sich nicht besonders mögen, wohnen sie zusammen.

Eva und Hans wohnen zusammen, obwohl sie sich nicht besonders mögen.

1. Hans sucht schon lange eine Wohnung. Trotzdem findet er keine.

_____

_____

2. Eva hat nicht genug Geld für die Miete, trotzdem möchte sie allein wohnen.

_____

_____

3. Sie wollen etwas anderes. Trotzdem bleibt alles, wie es war.

_____

4a

Aus einem Partnerforum. Trotzdem oder obwohl? Ergänzen Sie.

Ziehen sich Gegensätze an? – Ich brauche euren Rat bei einem Problem:

Ich habe zwei tolle Männer kennengelernt: Tom und Ken. Tom finde ich cool, _____ wir ganz verschieden sind.

_____ er Vegetarier ist, stört es ihn nicht, dass ich Fleisch liebe. Ich liege im Urlaub am liebsten am Strand, er macht

lieber Aktivurlaub in den Bergen mit Wandern und Radfahren. _____ wäre er bereit, mit mir ans Meer zu fahren. Er

hat gemeint: Man kann dort ja auch surfen und schwimmen. Aber was viel wichtiger ist: Tom will einmal eine große Familie haben

– mindestens drei Kinder. Ich weiß noch nicht, ob ich mal Kinder haben möchte, _____ man über das Thema sicher

noch einmal reden kann.

Mit Ken ist das ganz anders: Wir haben gleiche Interessen. Aber _____ er genauso gern Fleisch isst wie ich und im

Urlaub auch gern faul ist, und _____ er auch keine Kinder möchte, habe ich ein komisches Gefühl. Wir sind uns so

ähnlich, und _____ bin ich unsicher. Ich habe Angst, dass er mir bald total auf die Nerven geht. Was soll ich tun?

Petra83
Samstag,
16.23 Uhr

4b (P)

Lesen Sie den Text noch einmal und kreuzen Sie an: richtig oder falsch.

1. Tom isst gern Fleisch. ☐ richtig ☐ falsch
2. Tom macht im Urlaub gern Sport. ☐ richtig ☐ falsch
3. Anna macht im nächsten Urlaub auch Sport. ☐ richtig ☐ falsch
4. Für Ken ist es nicht wichtig, Kinder zu haben. ☐ richtig ☐ falsch
5. Ken hat Anna im Urlaub total genervt. ☐ richtig ☐ falsch

4c (P)

Lesen Sie die Antworten und schreiben Sie selbst einen Kommentar.

Hi Petra83, weißt du eigentlich, dass Paare, die sehr unterschiedlich sind, sich oft schnell wieder trennen? Fakt!

Also für mich ist klar, dass du viel mehr in Tom verliebt bist als in Ken, obwohl ihr so verschieden seid ... Hör auf dein Herz!

_____

_____

_____

5

Schreiben Sie im Perfekt.

Sie: Weißt du noch? Im Mai 1950 (wir / zum ersten Mal sehen) *haben wir uns zum ersten Mal gesehen.*

Er: Ja, (wir / vor der Haustür küssen) _____

Sie: (ich / sofort verlieben) _____

Er: Im Juni (wir / verloben) _____

Sie: In den vielen Jahren (wir / selten streiten) _____

Er: Und dann (wir / immer sofort versöhnen und umarmen) _____

Sie: Ja, wir gehören einfach zusammen!

→ *Leseverstehen; erste Schritte zur Prüfungspräsentation; Familienwörter (Plural); über die Familie sprechen*

 6a

Welche Frage passt zu welcher Antwort? Ordnen Sie zu.

Wir haben mit dem Soziologen Dr. Klaus Maier über interkulturelle Paare gesprochen und ihm diese Fragen gestellt:

Ist es nicht ein Problem, wenn man mit seinem Partner immer in einer Fremdsprache spricht?

Was ist wichtig, damit eine interkulturelle Beziehung funktioniert?

1. Ein Problem ist sicher die Sprache – welche Sprache spricht man miteinander? Und: Wo lebt man? Ist es im Heimatland des Partners oder der Partnerin oder ist es an einem dritten Ort?

Sollten beide Partner beide Sprachen können?

2. Ich persönlich finde das extrem wichtig, weil man sich dann besser versteht. Viele Paare haben aber nur eine gemeinsame Sprache, meistens die Sprache eines Partners. Oder sie benutzen eine dritte Sprache, zum Beispiel Englisch.

4. Die Beziehung hat gute Aussichten, wenn man sich für die Kultur des Partners oder der Partnerin interessiert. Das Paar sollte möglichst viel miteinander reden.

Wo gibt es die meisten Probleme?

3. Ja, das ist schon möglich, weil man in einer Fremdsprache Gefühle nicht so gut ausdrücken kann.

 6b **P**

Sprechen Sie mit Ihrem Partner / Ihrer Partnerin über interkulturelle Paare.

Sprechen Sie über diese Punkte:

1. Was sind Ihre persönlichen Erfahrungen? Kennen Sie internationale Paare?
2. Wie leben internationale Paare in Ihrem Heimatort?
3. Welche Vor- und Nachteile sehen Sie? Gibt es noch andere Probleme als die in 6a genannten?
4. Erzählen Sie von einem Erlebnis, das zu dem Thema passt.

7a

Familienmitglieder. Schreiben Sie Pluralformen.

Beispiel: Eltern, das sind *Väter* und *Mütter*.

1. Großeltern, das sind _____ und _____ .

2. Geschwister, das sind _____ und _____ .

3. Die Kinder meiner Geschwister, das sind meine _____ und _____ .

4. Die Geschwister meiner Eltern, das sind meine _____ und _____ .

5. Die Kinder meiner Onkel und Tanten, das sind meine _____ und _____ .

6. Die Geschwister von Ehepartnern, das sind _____ und _____ .

7. Schwiegereltern, das sind _____ und _____ .

 7b

Fragen Sie Ihren Partner / Ihre Partnerin.

A: Hast du Geschwister / Nichten und Neffen / …?

Ich habe nur einen Bruder. Er heißt …

Ja, meine Großmutter ist schon 93 und …

B: Ja, ich habe zwei Brüder und eine Schwester / eine kleine Nichte / …
Nein, leider nicht. Und du?
Ist er jünger als du oder älter? Ist er verheiratet? …
Leben deine Großeltern noch? …

Track 7

Gespräche auf einer Hochzeitsfeier. Was ist richtig? Markieren Sie. Hören Sie dann zur Kontrolle.

Beispiel: A: Guck mal, die schöne Karte, die Hugo und Lotte bekommen haben! Die ist ja auf Portugiesisch!

B: Ja, Tante Johanna hat ihnen sie / sie ihnen / es ihnen aus Brasilien geschickt.

1. A: Wolltest du nicht einen alkoholfreien Cocktail? Soll ich ihn dir holen?

   B: Danke, aber die Kellnerin hat ihn mir / es mich / sie mich gerade gebracht.

2. A: Oh nein, Cora hat sich Wein übergegossen! Ihre Bluse ist ganz rot!

   B: Nein, das war Mirko, er hat ihn ihr / ihm sie / ihr sie übergegossen. Das ist ihm furchtbar peinlich.

3. A: Woher weiß Manfred, dass ich geschieden bin?

   B: Oh, tut mir leid, ich habe ihn ihm / es ihn / es ihm erzählt. Ist das schlimm?

4. A: Wer hat denn Hugo und Lotte diese beiden schrecklichen Bilder geschenkt?

   B: Arthur hat es ihnen / sie ihnen / ihnen sie mitgebracht, ich glaube, er hat sie selbst gemalt.

5. A: Weißt du, wohin die Hochzeitsreise geht?

   B: Nein, aber wir können ja Lotte fragen, sie sagt uns es / wir es / es uns bestimmt.

   Track 8

Hören Sie das Gespräch und kreuzen Sie an: Wer sagt was?

	Moderator	Herr Gruber	Frau Frisch
1. Mehrgenerationenhäuser sind für junge Familien und Senioren gut.	a	b	c
2. Wir verbringen gern Zeit mit Kindern.	a	b	c
3. Kinder sind manchmal auch anstrengend.	a	b	c
4. In einem Mehrgenerationenhaus gibt es Räume, die von allen genutzt werden.	a	b	c
5. Man muss gern mit anderen Menschen zusammen sein.	a	b	c

9b

Schreiben Sie Sätze mit „darum".

Info:

....

darum = deshalb

....

1. Die Grubers wohnen in einem Mehrgenerationenhaus, weil sie gern mit Kindern zusammen sind.

   Die Grubers sind gern mit Kindern zusammen, darum wohnen sie _____ .

2. Mehrgenerationenhäuser werden immer beliebter, weil die Menschen sich brauchen.

   _____

3. Herr Gruber hilft den Kindern aus dem Haus, weil er seine Enkel nur selten sieht.

   _____

4. Der Lärm ist kein Problem, weil es Ruhezeiten gibt.

   _____

5. Die Wohnungen sind nicht gleich, weil die Bewohner verschiedene Wünsche haben.

   _____

6. Die Wohnungen sind nicht so teuer, weil der Staat und die Stadt Geld dazu geben.

10a

In der Stadt. Erinnern Sie sich an alle Wörter? Sehen Sie im Wörterbuch nach, wenn nicht. Ergänzen Sie eigene Ideen.

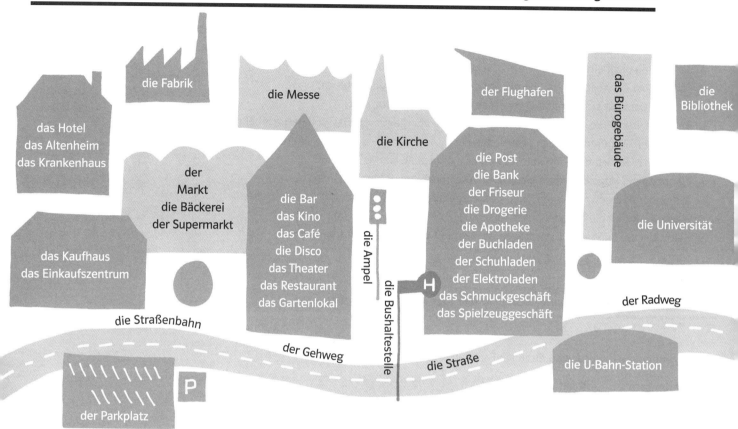

die Fabrik

die Messe

der Flughafen

das Bürogebäude

die Bibliothek

das Hotel
das Altenheim
das Krankenhaus

die Kirche

der
Markt
die Bäckerei
der Supermarkt

die Bar
das Kino
das Café
die Disco
das Theater
das Restaurant
das Gartenlokal

die Ampel

die Post
die Bank
der Friseur
die Drogerie
die Apotheke
der Buchladen
der Schuhladen
der Elektroladen
das Schmuckgeschäft
das Spielzeuggeschäft

die Universität

das Kaufhaus
das Einkaufszentrum

die Bushaltestelle

H

der Radweg

die Straßenbahn

der Gehweg

die Straße

die U-Bahn-Station

der Parkplatz

P

10b

Orte in Ihrer Stadt. Sprechen Sie mit Ihrem Partner / Ihrer Partnerin.

A: Ich glaube, bei uns gibt es keinen Elektroladen, oder?
   Ja, stimmt! Aber wir haben kein Schmuckgeschäft.

   Oh ja, ein Theater wäre schön. Aber in Cardiff ist eins, das ist nicht weit.
   Was ist das beste Restaurant bei uns, was denkst du?

B: Doch, in der High Street ist einer.
   Nein, ich kenne auch keins.
   Schade, dass wir kein Theater haben!

   Kennst du das Vine Tree? Das finde ich …

11   *Track 9*

Städte der Superlative: Raten und schreiben Sie. Hören Sie dann zur Kontrolle.

Tokio | Atlanta | ~~Tel Aviv~~ | Rio de Janeiro | Dubai | Wien

Beispiel: *Tel Aviv* hat die meisten Hunde. *Tel Aviv ist die Stadt mit den meisten Hunden.*

1. _____ hat die beste Lebensqualität. _____

2. _____ hat die meisten Einwohner. _____

3. _____ hat den längsten Strand. _____

4. _____ hat das höchste Gebäude. _____

5. _____ hat den größten Flughafen. _____

Wie können Menschen sein? Finden Sie zwölf Adjektive.

an ar be beits cha ehr es fröh gend häss höf in lang lich lich lich lich lich lig los o pa rühmt sant sport stren sym ter thisch tisch wei

Mit wem wohnt Norbert in seiner WG zusammen? Schreiben Sie und benutzen Sie Adjektive aus 12a.

Marlies ist Lehrerin. Leider ist sie nicht sehr ordentlich und nicht so gut organisiert. Siggi ist Krankenpfleger, und er hat immer gute Laune. Dagmar ist Ingenieurin, hat aber im Moment keinen Job. Witta arbeitet als Zimmermädchen in einem Hotel. Sport ist ihr Leben. Und dann ist da noch Topsi, das Hündchen. Es sieht überhaupt nicht schön aus, aber alle lieben es.

Norbert wohnt mit *einer chaotischen Lehrerin,*

einem ░░░░░░░░░░░░░░░░░░░░░░░░░░░░░░░░ ,

░░░░░░░░░░░░░░░░░░░░░░░░░░░░░░░░░░░░░░ ,

░░░░░░░░░░░░░░░░░░░░░░░░░░░░░░░░░░░░░░

und ░░░░░░░░░░░░░░░░░░░░░░░░░

░░░░░░░░░░░░░░░ zusammen.

Info:

Die Adjektivendung im Dativ ist immer –en (wenn ein Artikel dabeisteht).

Was Freunde und Familien füreinander tun. Verbinden Sie.

1. sich gegenseitig
2. aufeinander
3. füreinander
4. sich aufeinander
5. zueinander
6. miteinander

a. Zeit verbringen
b. Mut machen
c. Vertrauen haben
d. aufpassen
e. verlassen
f. da sein

Richtig schreiben: ß oder ss? Ergänzen Sie.

In unserer Gro░░familie verla░░en wir uns aufeinander. Die Gro░░eltern pa░░en auf die Kleinen auf, der gro░░e Bruder geht mit der kleinen Schwester zum Fu░░ball – wenn alle wi░░en, was zu tun ist, gibt es keinen Stre░░. Unser Familienkoch hei░░t Walter, er ist mein Onkel. Er kümmert sich darum, da░░ es jeden Tag etwas Hei░░es zu e░░en gibt. Au░░erdem backt er gern – sein Wei░░brot und seine sü░░en Kuchen schmecken gro░░artig! Tante Irene ist gern drau░░en und genie░░t die Arbeit in unserem Garten. Sie stellt immer einen Blumenstrau░░ auf den Tisch. Be░░er kann man nicht leben!

Info:

ß steht nach ei, au, eu, ie und langen Vokalen, außer bei Großbuchstaben: Fußball = FUSSBALL.

Achtung: In der Schweiz schreibt man immer ss!

❶

Finden Sie 14 Wörter zum Thema Verkehr.

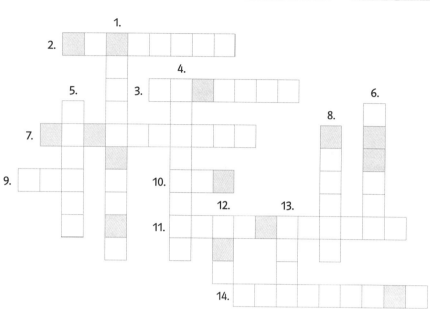

1. Dort bekommt man Benzin.
2. ein Benzinfahrzeug mit zwei Rädern
3. Dort fahren Züge ab.
4. Dort können Autos sehr schnell fahren.
5. Dort dürfen keine Fahrräder oder Autos fahren.
6. Manche Autos fahren nicht mit Benzin, sondern mit …
7. Wenn Züge nicht pünktlich ankommen, haben sie …
8. Dort dürfen nur Fahrräder fahren.
9. ein Auto für wenige Personen (Abkürzung)
10. ein Fahrzeug für viele Personen
11. Dort kann man ein- und aussteigen.
12. ein Fahrzeug für den Transport von Gütern (Abkürzung)
13. Wenn zu viele Autos auf der Straße sind, gibt es einen …
14. Dort fliegen Flugzeuge ab.

Lösungswort: V ☐ ☐ ☐ ☐ ☐ M I ☐ ☐ ☐ ☐

❷

Richtig schreiben: ts, tz oder z? Ergänzen Sie.

Georg: Als ich zum le☐ten Mal mit der Bahn gefahren bin, hatte sie drei☐ehn Minuten Verspätung!
Und es war kein guter Si☐pla☐ mehr frei, ich musste rückwär☐ fahren. Furchtbar.

Edgar: Oh nein, ta☐ächlich?

Georg: Und schmu☐ig war es im Bahnhof! Ich möchte wissen, wie oft die dort pu☐en. Tro☐dem er☐ählt uns jeder,
wir sollen die öffentlichen Verkehrsmittel nu☐en, bla bla bla … Nich☐ für mich. Es gibt Gren☐en.

Edgar: Nur eine win☐ige Frage: Wie lange si☐en wir je☐t schon in diesem Stau fest? Vier☐ig Minuten oder berei☐ fünf☐ig?

Georg: Haha, sehr wi☐ig.

❸a

Verkehrsmittel in Deutschland. Lesen Sie Enriques E-Mail an Lisa.

— ☐ ✕

Liebe Lisa,

danke für deine vielen Deutschland-Tipps! Nur noch zwei Wochen, dann bin ich schon in Bonn!

Könntest du mir schnell noch bei ein paar Fragen weiterhelfen?

◯ Welche öffentlichen Verkehrsmittel gibt es in Bonn?

◯ Welches Verkehrsmittel findest du persönlich in Bonn am besten?

◯ Welche Verkehrsmittel empfiehlst du mir für längere Strecken und für Wochenendausflüge?

◯ Ist es teuer, ein Auto zu leihen? Fallen dir noch andere Alternativen ein?

Vielen Dank im Voraus und liebe Grüße

Enrique

3b

Lesen Sie Lisas Antwort. Welche Abschnitte passen zu Enriques Fragen? Ergänzen Sie in 3a die Buchstaben A bis D.

_ ⊟ ✕

Hi Enrique,
ich freue mich schon, dass du bald kommst! Zu deinen Fragen:

A Es gibt echt viele Möglichkeiten, sich in den Städten und im ganzen Land fortzubewegen. Längere Fahrten sind mit dem Zug meistens am schnellsten und bequemsten, aber Zugfahren ist in Deutschland nicht gerade billig, vor allem wenn du spontan verreisen willst. Günstiger wird es, wenn du dein Ticket länger im Voraus kaufst. Wenn du häufiger, so wie ich, längere Strecken fährst, solltest du dir eine BahnCard kaufen. Mit der BahnCard bezahlst du für alle Bahnfahrten 25 bis 50 % weniger. Es gibt jetzt aber auch mehr Fernbusse als früher, das ist eine günstige Alternative zur Bahn. Die Verbindungen findest du im Internet.

B Hier in der Stadt ist für mich das Fahrrad das ideale Verkehrsmittel. Ich habe keine Lust, im Stau zu stehen oder auf den nächsten Bus zu warten. Mit meinem Rad komme ich schnell und absolut preiswert ans Ziel und habe auch keine Parkplatzprobleme.

C Aber auch die öffentlichen Verkehrsmittel in Bonn sind gut. Ich selbst nutze sie nur, wenn das Wetter zum Radfahren zu schlecht ist, aber ich habe Mira nach ihrer Meinung gefragt. Sie fährt ja täglich mit dem Bus zur Uni. Sie sagt, dass sie sich manchmal ärgert, wenn er Verspätung hat, aber insgesamt ist sie zufrieden. S-Bahn- und Bustickets bekommst du am Automaten an der Haltestelle oder am Bahnhof. In den meisten Bussen kannst du sie auch beim Fahrer kaufen.

D Mit Autovermietungen habe ich leider überhaupt keine Erfahrung, tut mir leid. Aber einen anderen Tipp habe ich noch: Fahrgemeinschaften. Die sind nicht nur bei uns Studierenden beliebt. Das Prinzip ist einfach: Ein Autofahrer, der eine bestimmte Strecke fährt, bietet seine freien Plätze im Auto an. Alle teilen sich dann die Kosten fürs Benzin. Und ein bisschen umweltfreundlicher ist es auch. Die Kontakte vermitteln Mitfahrzentralen, die es in fast allen größeren Städten und auch online gibt.

Bis in zwei Wochen dann, bitte melde dich, wenn du noch weitere Fragen hast!
Lisa

3c **P**

Lesen Sie Lisas E-Mail noch einmal und kreuzen Sie an: richtig oder falsch.

1. Wenn man eine BahnCard hat, muss man für kurze Strecken nichts bezahlen. ☐ richtig ☐ falsch
2. In Bonn fährt Lisa nur mit öffentlichen Verkehrsmitteln, wenn das Wetter nicht so gut ist. ☐ richtig ☐ falsch
3. Miras Bus zur Uni ist nicht immer pünktlich. ☐ richtig ☐ falsch
4. Bustickets kann man nicht nur beim Fahrer kaufen. ☐ richtig ☐ falsch
5. Nur Studenten und Studentinnen nutzen Mitfahrzentralen. ☐ richtig ☐ falsch

3d **P**

Eine Freundin / Ein Freund hat Sie nach Verkehrsmitteln in Ihrer Stadt gefragt. Schreiben Sie eine E-Mail.

Welche Verkehrsmittel gibt es in Ihrer Stadt? Sind sie teuer oder preiswert? Welche nutzen Sie häufig / selten und warum?

_____

_____

_____

_____

_____

4a

Was passt zusammen? Verbinden Sie.

1. Micha fährt mit dem Fahrrad zur Arbeit.
2. Ich habe mir ein Monatsticket gekauft.
3. Das Radio sendet Verkehrsnachrichten.
4. Mitfahrzentralen vermitteln Kontakte.
5. Bei kurzen Flügen geben wir kein Gepäck auf.
6. Tomoko und Kalle haben Sitzplätze reserviert.
7. An den Bushaltestellen stehen Ticketautomaten.
8. Du solltest früher aufstehen.

a. Dann müssen wir nicht auf unsere Koffer warten.
b. Dann kann man zusammen reisen und sich die Kosten teilen.
c. So bleibt er fit.
d. Dann verpasst du deinen Bus nicht.
e. Man kann seine Fahrkarte schon vorher kaufen.
f. Jetzt kann ich so oft Bus fahren, wie ich will.
g. Sie müssen in der Bahn nicht stehen.
h. Die Autofahrer bekommen Informationen über Staus und Unfälle.

4b

Verbinden Sie die Sätze mit „damit".

Beispiel (1.): *Micha fährt mit dem Fahrrad zur Arbeit, damit er fit bleibt.*

2. _____

3. _____

4. _____

5. _____

6. _____

7. _____

8. _____

4c

Welche Sätze aus 4b können Sie auch mit „um … zu" schreiben?

Beispiel: *Micha fährt mit dem Fahrrad zur Arbeit, um fit zu bleiben.*

_____

_____

_____

4d

Tipps und Tricks. Fragen Sie Ihren Partner / Ihre Partnerin.

nicht verschlafen – Termine nicht vergessen – Bus nicht verpassen – anderen Leuten eine Freude machen –
in einer neuen Stadt Freunde finden – fit bleiben – entspannen – einen neuen Job finden – deutsche Wörter lernen …

A: Was machst du, um nicht zu verschlafen?

B: Ich lasse mich von meinem Freund wecken, der wacht immer früh auf.
Und was machst du, damit du morgens den Bus nicht verpasst?

Welche Sätze bedeuten das Gleiche? Kreuzen Sie an.

1. Herr Rieger hat kein Gepäck aufgegeben.
   a. Herr Rieger reist nur mit Handgepäck.
   b. Herr Rieger hat kein Gepäck dabei.
2. Mein Zug hat Verspätung.
   a. Mein Zug fährt immer zu spät.
   b. Mein Zug kommt heute nicht pünktlich.
3. Flugzeuge legen weite Strecken zurück.
   a. Bei langen Strecken fliegt man am besten.
   b. Flugzeuge fliegen viele Kilometer.

4. Ich habe meinen Anschlusszug verpasst.
   a. Mein Anschlusszug war schon weg.
   b. Ich habe keinen passenden Anschluss gefunden.
5. Alexa hat den Führerschein gemacht.
   a. Alexa hat eine Prüfung als Bergführerin gemacht.
   b. Alexa darf jetzt Auto fahren.
6. Wir müssen dringend tanken.
   a. Wir haben nicht mehr viel Benzin.
   b. Wir haben schrecklichen Durst.

Machen lassen. Schreiben Sie Sätze wie im Beispiel.

Beispiel:
Ihr repariert eure Fahrräder nicht selbst. (im Fahrradgeschäft) *Ihr lasst eure Fahrräder im Fahrradgeschäft reparieren.*

1. Malte wechselt die Reifen nicht selbst.

(in der Werkstatt) _____

2. Wir renovieren das Haus nicht selbst.

(von der Firma Sauer) _____

3. Die Firma programmiert ihre Computer nicht selbst.

(von der IT-Spezialistin) _____

4. Ich pflege den Garten nicht selbst.

(vom Gärtner) _____

Schreiben Sie die Sätze aus 6a mit „um ... zu".

Beispiel: Ihr fahrt zum Fahrradgeschäft, *um eure Fahrräder reparieren zu lassen.*

1. Malte bringt das Auto in die Werkstatt, _____ .

2. Wir bestellen die Firma Sauer, _____ .

3. Die Firma holt die IT-Spezialistin, _____ .

4. Ich rufe den Gärtner an, _____ .

Selbst machen oder lieber machen lassen? Sprechen Sie mit Ihrem Partner / Ihrer Partnerin.

Haare schneiden – ein Fest organisieren – Computer / Fahrrad / Auto reparieren – Auto waschen – Hochzeitstorte backen – ...

A: Lässt du dein Auto waschen?

　Ich schneide mir die Haare selbst.

B: Aber nein, das mache ich selbst.
　Und du, was machst du selbst?
　Echt? Das habe ich nicht gewusst, die sehen immer so gut aus!
　Ich lasse meine lieber vom Friseur schneiden, der kann das besser als ich.

Ergänzen Sie die Tabelle.

Nomen	Verb	Adjektiv
der Durchschnitt		durchschnittlich
	dauern	
die Mobilität		
	bremsen	
die Pflege		
	reparieren	
der Parkplatz		
der Sitz		
der Tag		

8a  *Track 10*

Lesen Sie die Aussagen 1 bis 8. Hören Sie dann die Radiosendung über fahrerlose Autos zweimal.
Ordnen Sie zu: Wer sagt was?

	Moderatorin	Lena	Micha
1. Bald wird es selbstfahrende Autos geben.	a	b	c
2. Man kann die Fahrzeit für andere Dinge nutzen.	a	b	c
3. Autofahrer verlieren durch selbstfahrende Autos die Freude am Autofahren.	a	b	c
4. Durch selbstfahrende Autos gewinnt man Zeit bei der Parkplatzsuche.	a	b	c
5. Die Verkehrssicherheit ist ein wichtiges Thema.	a	b	c
6. Fahrerlose Autos können die Verkehrssicherheit verbessern.	a	b	c
7. Ältere Personen können mit selbstfahrenden Autos ihre Mobilität behalten.	a	b	c
8. Ein technischer Fehler kann gefährlich werden.	a	b	c

8b *Seite 54, KB* *Seite 38, ÜB*

Lesen Sie auch noch einmal die Texte im Kurs- und Übungsbuch.
Sammeln Sie Argumente in der Tabelle (auch Ihre eigenen).

für fahrerlose Autos	gegen fahrerlose Auto
weniger Unfälle,	macht keinen Spaß,

Sie haben die Sendung mit Lena und Micha gehört. Lesen Sie den Beitrag im Gästebuch des Senders und schreiben Sie dann selbst Ihre Meinung.

Gästebuch	
Gregor 17.04., 20:34	Ich denke da wie Lena – Fahren muss Spaß machen! Am liebsten schnell und sportlich. Wir sind doch Menschen und keine Automaten.

9a

Schreiben Sie den Satz richtig. Markieren Sie dann im korrekten Satz die beiden Komparative.

Man fährt je schneller, mehr Unfälle desto passieren.

Je _____.

9b

Tipps für Autofahrer und Autofahrerinnen. Was passt zusammen? Verbinden Sie.

1. Fühlen Sie sich fit und wach?
2. Fahren Sie langsam!
3. Haben Sie lange am Steuer gesessen?
4. Bleiben Sie ruhig und entspannt!

a. Dann können Sie schnell auf Fußgänger reagieren.
b. Dann können Sie sich gut konzentrieren.
c. Dann können Sie gut mit schwierigen Situationen umgehen.
d. Pausen sind wichtig!

Info:

um so = desto
Je mehr ich übe, desto besser fahre ich.
Je mehr ich übe, um so besser fahre ich.

9c

Schreiben Sie Sätze mit „je … desto / um so".

Beispiel (1.): Je fitter und wacher man sich fühlt, desto besser kann man sich konzentrieren.

2. _____

3. _____

4. _____

10

Noch mehr Tipps. Schreiben Sie Sätze mit „weder … noch".

Beispiel: beim Fahren: laute Musik hören, streiten Beim Fahren soll man weder laute Musik hören noch streiten.
1. vor dem Autofahren: Alkohol trinken, die ganze Nacht feiern

_____

2. an der Tankstelle: rauchen, sein Handy benutzen

_____

3. beim Fahren: telefonieren, Textnachrichten lesen

Lesen

1 **Lesen Sie die Texte 1 bis 5. Wählen Sie: Ist die Person für die Fußgängerzone?**

Strategie:	Tipp:
1. Situationsbeschreibung lesen: Um was geht es? 2. Jeden Text einzeln lesen und sofort ja oder nein ankreuzen.	Sie müssen nicht alles verstehen! Sie sollen nur erkennen, ob die Person dafür oder dagegen ist.

In einer Zeitung lesen Sie Kommentare über eine neue Fußgängerzone in der Haupteinkaufsstraße.

Leserbriefe

Beispiel Endlich kann man in Ruhe einkaufen und muss nicht auf den Verkehr aufpassen! In den meisten Städten sind die Einkaufsstraßen autofrei, nur bei uns war das bisher nicht so. Man kommt sehr gut mit öffentlichen Verkehrsmitteln in die Stadt, man muss wirklich nicht immer mit dem Auto fahren.
Julia, 34

1 Uns Bewohner der Straße hat man nicht gefragt. Für ältere Menschen ein echtes Problem: Ich kann nicht mehr zu meiner Wohnung fahren, und wenn ich schwere Sachen zu tragen habe, muss ich mir Hilfe organisieren. Das ist nicht in Ordnung.
Hans Nehberg, 81

2 Ich wohne seit acht Jahren in der Straße. Früher war hier abends immer etwas los. Jetzt tut sich um diese Zeit gar nichts mehr. Ich fühle mich deshalb nicht mehr wohl, wenn ich allein unterwegs bin. Es ist einfach sicherer, wenn ab und zu ein Auto vorbeifährt.
Grete, 29

3 Ich finde es schade, dass so viele gegen die Fußgängerzone sind. Warum glauben die Autofahrer, dass sie überall in der Stadt fahren müssen? Die öffentlichen Flächen müssen auch für Familien mit Kindern da sein, und für Leute, die einfach in Ruhe bummeln wollen. Die Stadt müsste aber natürlich auch die Busverbindungen verbessern.
Frieda, 18

4 Für mich als Geschäftsmann ist die Regelung ein großes Problem: Ich verkaufe Kleinmöbel und meine Kunden müssen bis zum Geschäft fahren dürfen. Sie wollen ihren neuen Stuhl oder das Regal doch nicht einige Straßen weit bis zum Parkplatz tragen oder mit dem Bus transportieren! Wahrscheinlich werde ich meinen Laden schließen und am Stadtrand neue Räume mieten müssen.
Franz, 49

5 Ich habe ein Eiscafé in der Straße, und für mich ist die neue autofreie Zone ein großes Glück. Wir haben schon seit einiger Zeit Tische im Freien, aber erst jetzt setzen sich die Leute auch dorthin. Früher war es zu laut und man musste den Dreck von den Autos einatmen, darum saß nie jemand draußen.
Jochen, 63

> Julia freut sich, dass sie nicht mehr auf den Verkehr achten muss. Sie ist für die Fußgängerzone.

Beispiel

0. Julia   ~~ja~~   nein

Jetzt Sie

1. Hans   ja   nein   3. Frieda   ja   nein   5. Jochen   ja   nein

2. Grete   ja   nein   4. Franz   ja   nein

Hören

1 Sie hören vier kurze Texte. Sie hören jeden Text zweimal. Zu jedem Text lösen Sie zwei Aufgaben. Wählen Sie bei jeder Aufgabe die richtige Lösung. Vor jedem Hörtext haben Sie zehn Sekunden Zeit zum Lesen.

Strategie:

1. Aufgabe lesen.
2. Text hören: auf das Hauptthema achten, dann richtig oder falsch ankreuzen.
3. Text noch einmal hören: auf Einzelheiten achten, die Sie brauchen, dann a / b / c ankreuzen.

Tipp:

Durchsagen, die häufig in der Prüfung vorkommen:
– am Bahnhof / im Zug : Verspätungen, Gleise, Anschlüsse
– am Flughafen: bitte zur Information kommen, Gates, Hallen
– Radio: Verkehrsnachrichten (Staus, Umleitungen, Unfälle), Wetter
– im Kaufhaus: Angebote, Abteilungen, bitte zur Kasse gehen
– Anrufbeantworter: Termin, Treffpunkt, Einladung, Bitte

Beispiel *Track 11*

01. Sie hören eine Information für Reisende nach Frankfurt.

[~~richtig~~]   [falsch]

02. Der ICE nach Hannover

[a] fällt heute wegen einer technischen Störung aus.
[b] fährt heute von Gleis 7b ab.
[~~X~~] fährt heute nicht über Frankfurt Hauptbahnhof.

Sie hören:

Achtung an Gleis 2. Bitte beachten Sie die folgende Information: Der ICE 1172 nach Hannover Hauptbahnhof über Frankfurt am Main, Hanau, Fulda, Kassel-Wilhelmshöhe und Göttingen, Abfahrt 20:32 Uhr, hält heute wegen Gleisarbeiten nicht in Frankfurt Hauptbahnhof. Reisende nach Frankfurt Hauptbahnhof nehmen bitte den Regionalexpress 4587, Abfahrt um 20:39 Uhr von Gleis 7b.

Jetzt Sie *Track 12*

Text 1:

1. Der Sender gibt Reisetipps für die Schweiz.

[richtig]   [falsch]

2. Es gibt einen 8 Kilometer langen Stau durch
   [a] Schnee.
   [b] einen kaputten LKW.
   [c] Radfahrer auf der Fahrbahn.

Text 2:

3. Sie hören Informationen über einen Flug nach Brüssel.

[richtig]   [falsch]

4. Herr Manzoni
   [a] soll zum Informationsschalter kommen.
   [b] soll zu Gate 23 kommen.
   [c] fliegt nach Brüssel.

Text 3:

5. Der Zug hat technische Probleme.

[richtig]   [falsch]

6. Im Zugrestaurant
   [a] geht die Heizung nicht.
   [b] gibt es viele warme Speisen.
   [c] gibt es heute keinen Kaffee und Tee.

Text 4:

7. Im Kaufhaus gibt es heute Sonderangebote.

[richtig]   [falsch]

8. Man bekommt heute
   [a] alle Damenjacken zum halben Preis.
   [b] beim Kauf einer Bluse die zweite zum halben Preis.
   [c] günstige Sportschuhe.

Schreiben

1 **Anrede und Gruß in einer informellen E-Mail. Was passt nicht? Streichen Sie.**

Sehr geehrte/r ... | Liebe/r ... | Hallo | Herzliche Grüße | Mit unseren besten Wünschen | Auf Wiedersehen | Mit freundlichen Grüßen | Liebe Grüße | Guten Tag | Bis bald | Gruß und Kuss

2 **Einleitungs- und Schlusssätze in einer informellen E-Mail. Was passt nicht? Streichen Sie.**

Endlich habe ich Zeit, mich bei dir zu melden. | Ich freue mich schon auf unser Treffen. | Warum ist bei dir nichts in Ordnung? | Wie geht es dir? | Darf ich mich kurz vorstellen? | Entschuldige, dass ich so lange nicht geschrieben habe. | Für eine schnelle Antwort wäre ich Ihnen dankbar. | Sie erreichen mich telefonisch unter 0611 895590. | Melde dich einfach, wenn du Zeit für ein Treffen hast. | Schreib mir oder ruf an, dann machen wir einen Termin aus, ja? | Aber das erzähle ich dir, wenn wir uns sehen. | Deshalb schreibe ich Ihnen.

3 **Schreiben Sie eine E-Mail (circa 80 Wörter). Dazu haben Sie 20 Minuten Zeit.**

Ein Chor aus Ihrer deutschen Partnerstadt war zu Besuch in Ihrer Heimatstadt und einige Leute haben bei Ihnen übernachtet. Erzählen Sie Ihrem deutschen Brieffreund / Ihrer deutschen Brieffreundin davon.

1. Beschreiben Sie: Wie viele Leute waren zu Besuch in der Stadt und wie lange?
2. Begründen Sie: Was hat Ihnen an dem Besuch (nicht) gefallen und warum?
3. Laden Sie Ihren Freund / Ihre Freundin ein, Sie auch in Ihrer Heimat zu besuchen.

Tipp:

- Lesen Sie noch einmal die Strategie und das Beispiel auf Seite 20.
- Auf Seite 20 finden Sie auch Ideen, wie man begründen und Vorschläge machen kann.

Sprechen

1 **Stellen Sie sich kurz vor.**

Zu Beginn der Prüfung sollen Sie sich kurz vorstellen. Die Prüfer stellen einige Fragen, z.B.:
Wie heißen Sie? Wo wohnen Sie? Was machen Sie beruflich?
Sind Sie verheiratet / ledig? Haben Sie Kinder?
Warum lernen Sie Deutsch? Was machen Sie in der Freizeit?

Spielen Sie die Situation mit Ihrem Partner / Ihrer Partnerin.

Tipp:

Üben Sie zu Hause vor dem Spiegel, solche „Fragen zur Person" zu beantworten. Sehen Sie Ihrem Spiegelbild in die Augen und machen Sie ein freundliches Gesicht!

2a **Ein Thema präsentieren: Autos in der Stadt. Notieren Sie persönliche Erfahrungen und Erlebnisse (Stichwörter).**

In der Prüfung bekommen Sie ein Arbeitsblatt mit fünf Teilen („Folien").
Folie 2 heißt immer „Meine persönlichen Erfahrungen". Was könnten Sie erzählen? Machen Sie rechts auf der Folie Notizen.

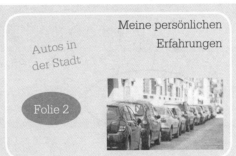

Berichten Sie von Ihrer Situation oder einem Erlebnis im Zusammenhang mit dem Thema.

Autos in der Stadt

Folie 2

Meine persönlichen Erfahrungen

- fahre nie / oft / manchmal ...
- (keine) Parkplatzprobleme

2b **Autos in der Stadt: Sprechen Sie über Ihre persönlichen Erfahrungen.**

Beispiel *Track 13*

Hören Sie ein Beispiel für Teil 2 einer Präsentation über Autos in der Stadt.

Jetzt Sie

Sprechen Sie jetzt selbst ca. 30-60 Sekunden. Sie können Ihre Notizen aus 2a benutzen. Ihr Partner / Ihre Partnerin hört zu.

2c **Geben Sie eine Rückmeldung zur Präsentation Ihres Partners / Ihrer Partnerin und stellen Sie Fragen.**

Ich habe das sehr interessant gefunden, weil ...
Ich habe dieselbe / eine ganz andere Erfahrung gemacht.
Was hast du gemeint, als du gesagt hast: ...? Das habe ich nicht ganz verstanden.
Warum ...?

Info:

die Rückmeldung, -en
(= das Feedback, -s):
Jemand hat etwas gesagt oder getan, und Sie sagen der Person, wie das für Sie war.

2d **Beantworten Sie die Fragen.**
Tauschen Sie danach die Rollen und beginnen Sie wieder bei 2b.

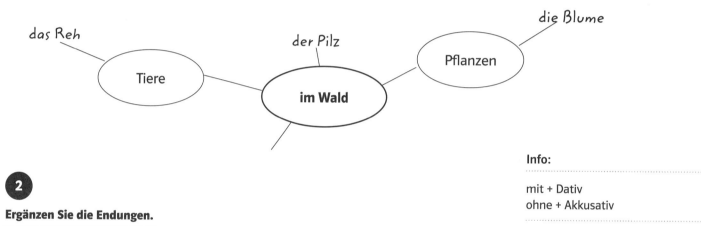

1a

Wie heißen die Wörter?

1. AEHA   *der Hase*

2. LOEVG

3. UBLEM

4. BREEE

5. TTABL

6. ÜCKEM

7. ÄBR

8. CHUFS

9. ILPZ

10. EHR

1b

Im Wald: Schreiben Sie die Wörter aus 1a in das Assoziogramm und ergänzen Sie es mit weiteren Wörtern.

das Reh

der Pilz

die Blume

(Tiere)   (**im Wald**)   (Pflanzen)

Info:

mit + Dativ
ohne + Akkusativ

2

Ergänzen Sie die Endungen.

Immer wenn Jakob frei hat, geht er in den Wald. Im Wald findet er es wundervoll. Er liebt diese Zeit ohne sein____ Handy, ohne
sein____ Terminplan und ohne sein____ Unterlagen. Ohne d____ Stunden im Wald würde ihm etwas fehlen. Außerdem geht er nie ohne
d____ groß____ Korb in den Wald, für die Pilze und Beeren, die er dort findet.
Jakobs Kollege Jochen ist der Meinung, dass Spazierengehen gesund ist. Deshalb geht er auch oft in den Wald, aber immer mit
sein____ Handy und sein____ Terminkalender.
Manchmal gehen die beiden Kollegen zusammen los. Aber Jochen telefoniert im Wald oft mit d____ Kunden oder sein____ Chefin.
Die Herbstbäume mit d____ bunt____ Blättern sieht er gar nicht. Das ärgert Jakob. Er will nur noch ohne Jochen in den Wald gehen.

3a

Schreiben Sie drei Sätze mit „mit" oder „ohne" auf einen Zettel und legen Sie ihn verdeckt in die Mitte.

Ich komme nie ohne … in den Kurs. – Ich schreibe immer / meistens mit … – Ich arbeite gern mit … zusammen. –
Ich komme immer mit … – In der Pause spreche ich oft mit … – Ohne … kann ich nicht lernen / leben / in den Urlaub fahren. – …

3b

Nehmen Sie einen Zettel aus der Mitte und lesen Sie ihn vor. Was denken Sie: Wer hat das geschrieben?

Ich denke, das hat John geschrieben, er kommt immer mit dem Rad.
Das muss von Luisa sein, weil …

Track 14

Sehen Sie die Grafik an. Hören Sie dann die Informationen. Welche Zahlen in der Grafik sind falsch? Korrigieren Sie.

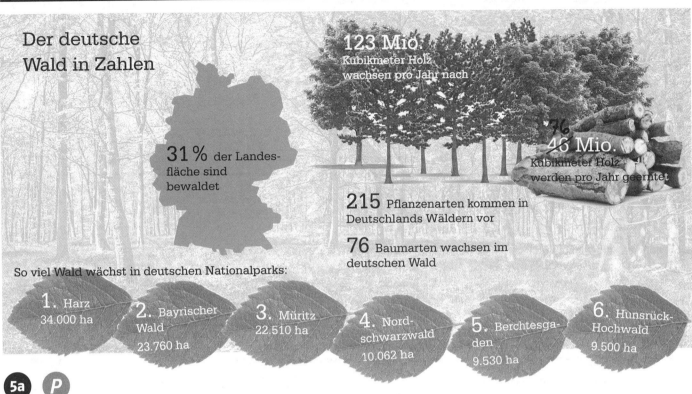

Der deutsche Wald in Zahlen

123 Mio. Kubikmeter Holz wachsen pro Jahr nach

46 Mio. Kubikmeter Holz werden pro Jahr geerntet

31 % der Landesfläche sind bewaldet

215 Pflanzenarten kommen in Deutschlands Wäldern vor

76 Baumarten wachsen im deutschen Wald

So viel Wald wächst in deutschen Nationalparks:

1. Harz 34.000 ha
2. Bayrischer Wald 23.760 ha
3. Müritz 22.510 ha
4. Nordschwarzwald 10.062 ha
5. Berchtesgaden 9.530 ha
6. Hunsrück-Hochwald 9.500 ha

5a P

Lesen Sie die Texte. Welche Veranstaltung passt für wen?

Der 21. März ist der „Tag des Waldes". Unsere Stadt bietet an diesem Tag eine Reihe von Aktivitäten. Machen Sie mit!

A
Foto-Workshop: Fotografieren im Wald. Der Wald bietet wunderbare Möglichkeiten zum Fotografieren. Fotos halten besondere Momente und Situationen fest. So können wir diese mit anderen Menschen teilen. Der bekannte Naturfotograf Bodo Frisch zeigt Ihnen, wie Sie besonders schöne Naturfotos machen können. Er kennt viele Tricks und hat tolle Ideen.

B
Unser Angebot für Schulen: Den Wald erleben und dabei beim Spielen Wissen und Erfahrungen sammeln. Die Schülerinnen und Schüler spazieren zwei Kilometer durch den Wald. An fünfzehn Stationen gibt es Aufgaben und Fragen rund um das Thema Wald. Die Kinder müssen z. B. Bäume und Tiere erkennen und bestimmte Dinge beobachten.

D
Bäume pflanzen. Durch den starken Wind im letzten Frühjahr sind viele Bäume umgefallen. Nun wollen wir im Stadtwald neue Bäume pflanzen. Machen Sie mit und helfen Sie unseren Waldarbeitern! Pflanzen Sie „Ihren" Baum und lernen Sie dabei nette Menschen kennen.

C
Spaziergang mit Ursula Schmidt. Auch im März kann man im Wald viel entdecken. Die ersten Blumen blühen, die Vögel singen und viele Tiere wachen jetzt aus dem Winterschlaf auf. Unsere Waldpädagogin Ursula Schmidt wandert mit Ihnen zwei Stunden durch den Wald und erklärt Ihnen, wie die Natur langsam aufwacht.

1. Herr Bauer ist Lehrer und möchte mit seinen Schülern und Schülerinnen in den Wald gehen.

2. Herr Kern arbeitet gern in der Natur.

3. Frau Berger ist gern zu Fuß unterwegs, aber sie ist nicht mehr jung. Sie kann nicht mehr von morgens bis abends wandern.

4. Klara macht gern Bilder und möchte den Tag in der Natur verbringen.

5b

Verbinden Sie die Sätze mit „nicht nur …, sondern auch".

Beispiel: Bodo Frisch kennt viele Tricks und hat tolle Ideen.

Bodo Frisch kennt nicht nur viele Tricks, sondern hat auch tolle Ideen.

1. Die Kinder können im Wald spielen und sammeln dabei Wissen und Erfahrungen.

2. Die Kinder müssen Bäume und Tiere erkennen.

3. Ursula Schmidt kennt sich mit Vogelstimmen und den Pflanzen im Wald aus.

4. Im März werden die Singvögel und viele andere Tiere wieder aktiv.

5. Sie können „Ihren" Baum pflanzen und nette Menschen kennenlernen.

5c **P**

Einigen Sie sich in der Gruppe, bei welcher Veranstaltung Sie mitmachen möchten.

A: Ich … gern, deshalb würde ich gern …
B: Dazu habe ich keine Lust. Ich möchte lieber … Wie wäre es mit dem / der …?
C: Das finde ich … Wir könnten … Ich schlage vor, …

6a

Wie heißen die Materialien?

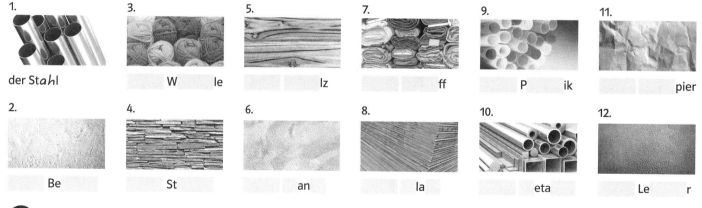

1. der Stahl
3. W le
5. lz
7. ff
9. P ik
11. pier

2. Be
4. St
6. an
8. la
10. eta
12. Le r

 6b

Spielen Sie in der Gruppe.

A: Ich sehe etwas, und das ist aus Papier.   B: Ist es ein Buch?
   Nein.
   Ja.   C: Ist es ein Heft?
   Ja, genau! Jetzt du!   Ist es dieses hier?
                                                   Gut … Ich sehe etwas, und das ist aus …

7 Seite 64, KB

Lesen Sie das Märchen im Kursbuch noch einmal. Markieren Sie die Verben im Präteritum und notieren Sie sie mit dem Infinitiv.

regelmäßige Verben

arbeitete _____ *arbeiten* _____

_____ _____

_____ _____

_____ _____

_____ _____

_____ _____

_____ _____

unregelmäßige Verben

war _____ *sein* _____

_____ _____

_____ _____

_____ _____

_____ _____

_____ _____

_____ _____

8

Ergänzen Sie die Verben im Präteritum.

Ein Leben wie im Märchen?

Es (sein) _____ einmal eine Prinzessin, die mit ihren Eltern und Geschwistern in einem schönen Schloss (leben) _____. Sie (heißen) _____ Elisabeth. Als Elisabeth fünfzehn Jahre alt (sein) _____, (sehen) _____ sie der Kaiser des Nachbarlandes und (verlieben) _____ sich in sie. Die beiden (heiraten) _____ und das Paar (bekommen) _____ vier Kinder. Aber die junge Kaiserin (sein) _____ nicht glücklich in dem großen Schloss. Deshalb (machen) _____ sie viele Reisen. Am besten (gefallen) _____ es ihr auf Korfu. Dort (lassen) _____ sie sich ein schönes Haus bauen. Sie (kommen) _____ nur noch selten nach Hause. Der Kaiser (akzeptieren) _____ das, weil er (wollen) _____, dass es seiner Frau gut (gehen) _____. Als Elisabeth einundsechzig Jahre alt (sein) _____, (töten) _____ sie ein Mann. So (enden) _____ das gar nicht märchenhafte Leben einer berühmten Frau.

Quizfrage: Wie nannten die Menschen die Kaiserin Elisabeth? Tipp: Sehen Sie in Lektion 20 nach!

☐ Betty ☐ Sisi ☐ Lissy

9

Was bedeuten die Sätze? Kreuzen Sie an.

1. Die Kinder spielen drinnen.
   a. Die Kinder sind im Haus.
   b. Die Kinder spielen etwas Ruhiges.

2. Ich mache lieber draußen Sport als drinnen.
   a. Ich bin lieber in der Natur als im Haus.
   b. Sport ist mein Lieblingshobby.

3. Kommt doch bitte nach drinnen.
   a. Gehen wir doch rein.
   b. Alle anderen sind im Haus.

4. Geht nach draußen zum Spielen!
   a. Geht in ein anderes Zimmer!
   b. Geht in den Garten!

10a

Was könnte das Wort „Waldbaden" bedeuten? Überlegen Sie zu zweit.

A: Also, da drin stecken die Wörter „Wald" und „baden".
Ich denke / glaube / könnte mir vorstellen, dass …

B: Ja, oder …
Es kann auch sein, dass …
Ich glaube, ich habe etwas darüber gelesen.

 10b *Track 15*

Hören Sie den ersten Teil der Radiosendung. Waren Ihre Überlegungen richtig?

A: Das ist ja verrückt, das hat also gar nichts mit … zu tun.

B: Da geht es also um …
Habe ich das richtig verstanden?

 10c *Track 16*

Lesen Sie zuerst die Sätze und hören Sie dann das ganze Gespräch. Ordnen Sie zu: Wer sagt was?

	Moderatorin	Frau Stark	Herr Kluge
1. Das Thema der Sendung ist „Waldbaden".	a	b	c
2. Waldbaden ist sehr gut zum Entspannen.	a	b	c
3. Bei einem Spaziergang kann man sich gut erholen und muss nichts bezahlen.	a	b	c
4. Die Menschen brauchen Hilfe, um sich entspannen zu können.	a	b	c
5. Beim Waldbaden geht es hauptsächlich um Geld.	a	b	c
6. Draußen können sich viele besser entspannen als drinnen.	a	b	c
7. Spazierengehen macht nicht so viel Spaß wie Joggen.	a	b	c

10d

Hören Sie das Gespräch noch einmal und kreuzen Sie an: richtig oder falsch.

	richtig	falsch
1. Frau Stark hat Waldbaden nur einmal probiert.	☐ richtig	☐ falsch
2. Für das Waldbaden braucht man Wasser.	☐ richtig	☐ falsch
3. Nico Kluge findet das Waldbaden zu teuer.	☐ richtig	☐ falsch
4. Vielen Menschen ist die Natur fremd geworden.	☐ richtig	☐ falsch
5. In Japan erforscht man die Waldmedizin seit über 30 Jahren.	☐ richtig	☐ falsch
6. Nur wenige Leute sind bereit, für das Waldbaden Geld zu bezahlen.	☐ richtig	☐ falsch

11 *Track 17*

Richtig schreiben: st, sp oder sch? Hören Sie und ergänzen Sie die Wörter.

A: Habt ihr euch _____ einmal im Wald auf den Boden gelegt? Das hilft total, wenn man _____ abbauen möchte.

_____ haben das bewiesen.

B: Ja, mir macht das auch _____. Ich habe _____, dass ich im nächsten Urlaub zum Waldbaden gehe. Kennt ihr das?

C: Ja, im Radio hat jemand darüber _____. Ganz _____, aber ich brauche das nicht.

Ich setze mich einfach ganz _____ in den Wald und _____ mir die Bäume und

_____ an. Das ist auch _____.

12a

Sie waren zum Waldbaden auf der Insel Usedom und wollen darüber eine E-Mail schreiben. Sammeln Sie Stichpunkte.

Wo waren Sie? Wie war die Reise?	Was haben Sie gemacht?	Was hat Ihnen (nicht) gefallen? Warum?
- Insel in der Ostsee - Auto / Bahn - wenig / viel Verkehr	- Wochenendkurs - Entspannungsübungen	- wunderbares / schlechtes Wetter - nette / komische Leute

12b

Schreiben Sie jetzt die E-Mail an einen Freund oder eine Freundin. Schreiben Sie zu allen drei Punkten aus 12a.

13

Ergänzen Sie die Sätze.

Beispiel: Ich fotografiere gern und mein Freund fotografiert auch gern. Wir haben *dasselbe* Hobby.

1. Ich liebe Jazz und mein Freund liebt auch Jazz. Wir lieben   Musik.

2. Mir gefällt die Natur und ihm gefällt die Natur auch. Wir haben   Geschmack.

3. Ich gehe gern tanzen und er geht auch gern tanzen. Wir haben   Interessen.

4. Ich möchte Erfolg haben und er möchte auch Erfolg haben. Wir haben   Ziel.

5. Ich träume von einem Urlaub in Südostasien und er auch. Wir träumen von   Urlaub.

6. Wir wollen meistens   . Wir passen gut zueinander.

1a

Werte. Was passt? Ergänzen Sie die Titel und eigene Ideen.

Natur | Erfolg | Arbeit | Genuss | Familie | ~~Freiheit~~ | Gesundheit | Sicherheit | Gerechtigkeit | Gemeinschaft

A
medizinische Versorgung, Bewegung, _____

B
Musik, Essen, Urlaub, _____

C
Freiheit
politische Meinung, Glaube, *selbst entscheiden, Lebensweise,*

D
Anerkennung, Karriere, gute Prüfung, _____

E
Kinder, Zeit miteinander verbringen, _____

F
Nachhaltigkeit, Lebensraum, Wald, _____

G
Bildung, faire Gesellschaft, Mann / Frau, _____

H
Arbeitsplatz, Wohnung, Rente, _____

I
Nachbarschaft, Verein, sich gegenseitig helfen, _____

J
Team, Gehalt, Betriebsklima, _____

1b **P** **☰** *Seite 92, KB*

Lesen Sie den Text im Kursbuch noch einmal und kreuzen Sie an: a, b oder c.

1. In dem Text geht es um
   a. gemeinsames Essen.
   b. die Werte und Wünsche der Deutschen.
   c. die Wünsche der zukünftigen Generationen.

2. Die meisten Befragten
   a. finden für die nächste Generation Arbeit nicht so wichtig.
   b. wollen einen sicheren Job.
   c. wünschen sich einen gut bezahlten Job.

3. Gemeinsame Mahlzeiten
   a. mit Kollegen finden viele Befragte wichtig.
   b. sind wichtig für die Gesundheit.
   c. sind gut für das Gemeinschaftsgefühl.

4. Für die Deutschen
   a. ist gutes Essen heute wichtiger als früher.
   b. ist beim Essen Genuss nicht so wichtig wie Gesundheit.
   c. ist Lebensmittelproduktion wichtiger als Naturschutz.

5. Alte und junge Menschen
   a. suchen die Nähe zueinander.
   b. haben ähnliche Werte und Normen.
   c. machen sich gegenseitig Hoffnung.

2

Was denken Sie: Wie wird es in der Zukunft sein? Verbinden Sie und schreiben Sie Sätze.

1. die Menschen:
2. das Leben:
3. unsere Ernährung:
4. die Unterschiede zwischen den Ländern:
5. interessante Jobs:
6. Eltern:

a. spannender / langweiliger sein
b. das Leben mehr / weniger genießen
c. schwerer / leichter zu finden sein
d. mehr / weniger Zeit mit ihren Kindern verbringen
e. gesünder / ungesünder sein
f. größer / kleiner werden

Beispiel (1.): *Ich denke, die Menschen werden das Leben mehr genießen.*

2. *Das Leben wird* _____

3. _____

4. _____

5. _____

6. _____

3a

Das sollte man tun. Schreiben Sie Empfehlungen.

sie aufschreiben | mehr schlafen | ~~mehr Sport machen~~ | sie oft wiederholen | öfter ausgehen | nicht so viel Kaffee trinken

Beispiel: Wir wollen uns fitter fühlen.   *Ihr solltet mehr Sport machen.*

1. Tom vergisst oft wichtige Termine. _____

2. Ich bin immer so nervös. _____

3. Wir haben hier noch niemanden kennengelernt. _____

4. Ella ist immer müde. _____

5. Ich vergesse neue Wörter so schnell wieder. _____

3b

Empfehlungen. Sprechen Sie mit Ihrem Partner / Ihrer Partnerin. 🧑‍🤝‍🧑

wäre gern schlanker – über Kollegin / Freund / Nachbarn geärgert – schlafe schlecht – will mein Deutsch verbessern – vor Prüfungen immer nervös – wenig Kontakt zu Nachbarn – Ideen für Geburtstagsparty – Wohnung immer unordentlich – …

A: Ich habe mich über meinen Kollegen geärgert. Er hat …

   Meinst du? Ja, vielleicht mache ich das.

   Gute Idee. / Guter Tipp.
   Ich sollte / könnte auch …

B: Du solltest mit ihm sprechen.
   Sag ihm doch einfach, warum du dich geärgert hast.
   Du könntest auch …
   Warum fragst / sagst / gehst du nicht …?
   Wie wäre es, wenn …?
   Oder du machst / gibst / nimmst …

Track 18

War früher alles besser? Hören Sie das Gespräch und kreuzen Sie an: richtig oder falsch.

1. Neles Opa findet, dass früher alles besser war. ☐ richtig ☐ falsch
2. Nele hat als Kind nicht gern Brot und Marmelade gegessen. ☐ richtig ☐ falsch
3. Neles Opa findet, dass es heute zu viele Angebote gibt. ☐ richtig ☐ falsch
4. Neles Großeltern sind früher gern ins Theater gegangen. ☐ richtig ☐ falsch
5. Neles kleiner Bruder spielt regelmäßig mit seinen Freunden Fußball. ☐ richtig ☐ falsch
6. Neles Opa fährt nicht gern mit öffentlichen Verkehrsmitteln. ☐ richtig ☐ falsch
7. Paul findet, dass früher nicht alles besser war. ☐ richtig ☐ falsch

Was ist zuerst passiert? Ergänzen Sie 1 und 2.

Beispiel: Nele beschließt, etwas mit ihrem kleinen Bruder Leon zu unternehmen. **2**   Nele spricht mit ihrem Opa über früher.   **1**
1. Sie geht mit Leon in den Park.   Sie kauft einen Fußball.
2. Die beiden spielen zwei Stunden Fußball.   Sie bekommen Hunger.
3. Leon fragt die Nachbarin, ob sie mitessen möchte.   Zu Hause kochen sie Nudeln.
4. Leon, Nele, die Nachbarin und ihre Kinder essen zusammen.   Sie spielen den ganzen Abend Karten.
5. Leon geht ins Bett.   Nele ruft ihren Opa an und erzählt ihm von ihrem Tag.

4c

Schreiben Sie.

Nachdem Nele mit ihrem Opa über früher gesprochen hatte, beschloss sie, etwas mit ihrem kleinen Bruder Leon zu unternehmen. Nachdem sie _____

_____

_____

_____

_____

Welche Antwort passt? Kreuzen Sie an.

1. Weißt du, wie viele Einwohner Rio de Janeiro hat?
   a. Darauf möchte ich nicht antworten.
   b. Keine Ahnung.

2. Worüber habt ihr gestritten?
   a. Das ist mir zu persönlich.
   b. Das wissen wir nicht.

3. Wie viel Geld verdienen Sie?
   a. Darauf möchte ich nicht antworten.
   b. Daran erinnere ich mich nicht.

4. Wie oft sind Sie schon ohne Fahrschein gefahren?
   a. Das ist mein Geheimnis.
   b. Ich habe keinen Führerschein.

Richtig schreiben: ä oder e?

1. ___rn___hrung   4. ___rk___nntnis   7. handw___rklich   10. l___ngst   13. b___w___rb___n

2. An___rk___nnung   5. zus___tzlich   8. s___lbstst___ndig   11. W___rt   14. Fl___ch

3. p___nd___ln   6. G___g___nd   9. P___dagog___   12. abh___ngig   15. ___mpf___hlung

Job-Quiz. Ordnen Sie zu.

ein Homeoffice | ein gutes Gehalt | Nähe zum Wohnort | Selbstständigkeit | flexible Zeiteinteilung | Weiterbildung |
~~Verantwortung~~ | Teamarbeit | Sozialleistungen | Karrieremöglichkeiten | ein gutes Betriebsklima

Beispiel: Man muss dafür sorgen, dass das Notwendige und Richtige passiert. Man hat *Verantwortung*.

1. Man macht Kurse, um noch mehr zu lernen. Man bekommt _____.

2. Man verdient gut. Man bekommt _____.

3. _____ heißt, dass man seine Zeit selbst planen kann.

4. _____ bedeutet, dass der Arbeitsplatz nicht weit weg ist.

5. Nicht jeder arbeitet gern allein an einem Projekt. Viele mögen lieber _____.

6. Man hat Aussichten auf eine bessere Stelle oder mehr Geld in der Zukunft. Man hat _____.

7. Die Atmosphäre in der Firma ist angenehm, sie hat _____.

8. Unterstützung, die man vom Staat oder dem Arbeitgeber bekommt: _____.

9. Wenn man von zu Hause arbeitet, dann hat man _____.

10. Man arbeitet unabhängig von anderen: _____.

Was finden Sie im Job wichtig? Sprechen Sie mit Ihrem Partner / Ihrer Partnerin über die Punkte in 7a.   🧍🧍

A: Also ein Homeoffice ist für mich nicht so wichtig.
    Ich arbeite lieber im Team, das geht von zu Hause nicht so gut.
    Aber ich finde die Nähe zum Wohnort wichtig. Und du?   B: Ich auch, ich möchte auch nicht so weit fahren.
                                                 Und flexible Zeiteinteilung ist wichtig, weil ich Familie habe.
                                                 Ich würde keine Arbeit annehmen, wo / bei der …

Lesen Sie den Beitrag im Online-Gästebuch eines Fernsehsenders und schreiben Sie dann selbst Ihre Meinung.

                                                                       _ ◻ ✕

Gästebuch

Harry
03.11., 21:13

Ich kann überhaupt nicht verstehen, warum für viele ein gutes Betriebsklima und Teamarbeit so wichtig sind. Für mich zählen vor allem ein gutes Gehalt und Karrieremöglichkeiten. Ich wollte schon immer Chef werden!

46 | 26 | **Perspektiven**

→ *Wortschatz Stellenanzeigen; Adjektivdeklination mit Nullartikel;
eine Bewerbung schreiben; zweiteiliger Konnektor sowohl als auch*

8a

Ergänzen Sie in der Stellenanzeige die passenden Adjektive mit den richtigen Endungen.

> **Versuchstechniker/in gesucht**
>
> Sie sind Fahrzeugtechniker/in mit (mehrjährig / zukünftig) *mehrjähriger* Berufserfahrung, (voll / gut) _____
>
> EDV-Kenntnissen, (handwerklich / lang) _____ Begabung, (selbstständig / leicht) _____
>
> Arbeitsweise und (schwer / groß) _____ Interesse an der Weiterentwicklung von Automobilen.
>
> Wir sind ein (nett / groß) _____ Unternehmen für Automobiltechnik. Wir bieten eine (zentral / interessant)
>
> _____ Tätigkeit mit (überdurchschnittlich / sinnvoll) _____ Bezahlung,
>
> und (extrem / angenehm) _____ Betriebsklima. Auch (regelmäßig / engagiert) _____
>
> Weiterbildung gehört bei uns dazu.
>
> Wir freuen uns auf Ihre Bewerbung unter: karriere@rigulf-ag.com

8b

Bewerbung schreiben – aber wie? Lesen Sie das Bewerbungsschreiben und verbessern Sie die markierten Teile.

~~Liebe Rigulf AG,~~ *Sehr geehrte* _____

ich habe Ihre Anzeige gelesen und sie hat mir gut gefallen.

Hiermit bewerbe ich mich um diese Stelle. Ich habe Mechatronik studiert und habe bereits mehrjährige Berufserfahrung im Bereich
Fahrzeugtechnik. Interessante Aufgaben, gutes Arbeitsklima und selbstständiges Arbeiten sind mir sehr wichtig.
Laden Sie mich einfach ein, dann erzähle ich Ihnen noch mehr über mich.

Liebe Grüße _____

Bernd Wolter

Info:

Endung bei Nullartikel = Endung bei Indefinitartikel,
außer bei Dativ: mit gutem Gehalt / nach langer Zeit

9a

Schreiben Sie Sätze mit „sowohl ... als auch".

Beispiel: Karina möchte reisen und Spaß haben. *Karina möchte sowohl reisen als auch Spaß haben.*
1. Finns Hobbys sind Musik und Elektronik.

_____

2. Astrid spricht Englisch und Deutsch.

_____

3. Während des Studiums hat Karina als Kellnerin und im Supermarkt gejobbt.

_____

4. Finn möchte sein Hobby zum Beruf machen und im Ausland arbeiten.

_____

5. Astrid interessiert sich für Menschen und für andere Länder.

_____

Lesen Sie die Stellenanzeigen. Welche Anzeige passt zu welcher Person aus 9a?

A

Reiseleiter / Reiseleiterin gesucht!

Sie sind offen und kommunikativ und interessieren sich für andere Kulturen? Und Sie haben gute Englisch- und Deutschkenntnisse?

Wir bieten Ihnen einen abwechslungsreichen Job in unserem internationalen Team.

Bewerben Sie sich unter: travelworld@gmx.com

B

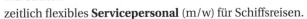

Wir suchen
zeitlich flexibles **Servicepersonal** (m/w) für Schiffsreisen.
Sind Sie gern auf Reisen und lieben ferne Länder? Und haben Sie Erfahrung im Service-Bereich?
Dann bewerben Sie sich bei uns und unterstützen Sie die fröhlichen, motivierten Teams auf unseren Luxusschiffen.
Schicken Sie Ihre Online-Bewerbung an: ahoi-schiffslinie@hamburg.de

C

Playa del Sol

DJs (m/w) für beliebten Club auf Teneriffa gesucht!
Du machst gern die Nacht zum Tag, kennst dich gut mit Musik
aus (von Salsa bis Jazz) und hast technisches Verständnis.
Und du bist Experte / Expertin für gute Laune.
Wir bieten dir einen coolen Job in unserem
Club „Playa del Sol" auf Teneriffa.
Bewirb dich hier: clubmusic@yahoo.de

Karina   Finn   Astrid

Welche Stellenanzeige aus 9b interessiert Sie? Schreiben Sie eine E-Mail.

Warum interessieren Sie sich für den Job? Welchen beruflichen Hintergrund haben Sie? Was möchten Sie noch fragen?

_____

_____

_____

_____

10

Wegen oder während? Schreiben Sie Antworten auf die Fragen.

die vielen Termine | ein einjähriger Job auf Teneriffa | das extrem schlechte Betriebsklima | der Betriebsausflug |
das neue Projekt | mein Sommerurlaub

Beispiel: Weswegen hast du gekündigt?   *Wegen des extrem schlechten Betriebsklimas.*

1. Wann hast du so gut Spanisch gelernt?   _____

2. Weswegen bist du so aufgeregt?   _____

3. Weswegen ist die Chefin so gestresst?   _____

4. Wann lässt du dein Büro renovieren?   _____

5. Wann hast du das Foto von den Kollegen gemacht?   _____

Lesen

1 **Lesen Sie die Situationen 1 bis 4 und die Anzeigen A bis F. Wählen Sie: Welche Anzeige passt zu welcher Situation?**

Strategie:

1. Situationsbeschreibung lesen.
2. Situation lesen und Texte schnell überfliegen: Was könnte passen?
3. Genauer lesen: Gibt es einen Text, der wirklich exakt passt?

Tipp:

Sie müssen nicht alles verstehen!
Sie sollen nur erkennen, welche Anzeige
zu welcher Situation passt.

Sie können jede Anzeige nur einmal verwenden. Für eine Situation gibt es keine passende Anzeige. In diesem Fall schreiben Sie X.

Beispiel

0. Anna hat gerade ihr Tourismusstudium beendet. Sie spricht sehr gut Englisch, Spanisch und Japanisch.   Anzeige: *E*

Anzeige E und F könnten beide passen, aber in F wird
mehrjährige Berufserfahrung erwartet. → E ist richtig.

Jetzt Sie

1. Frieda hat zwei Kinder und möchte stundenweise Geld verdienen.   Anzeige: ____
2. Christa hat in England Informatik studiert und schon fünf Jahre Berufserfahrung.   Anzeige: ____
3. Clemens muss Geld für sein Studium verdienen. Er ist sportlich und gern draußen.   Anzeige: ____
4. Franz ist Automechaniker und hat auch gute PC-Kenntnisse (Word, Excel usw.).   Anzeige: ____

A

Fahrradkurier (m/w)

Man kann sich auf dich verlassen
und du bist körperlich fit? Wir
bieten Vollzeit- oder Teilzeit-
beschäftigung für Student/innen,
die gern Rad fahren. Du bringst
unseren Kunden schnell und gut
gelaunt ihr Essen nach Hause oder
ins Büro. Der ideale Job, der zu dir
und deinem Terminkalender passt.
info@nimblemunch.de

B

Staatlich anerkannte/r Erzieher/in (Vollzeit)

Wir sind ein international bekanntes Luxushotel
und bieten unseren Gästen Betreuung und
Unterhaltung für ihre Kinder. Dafür suchen wir
schnellstmöglich eine verantwortungsbewusste
Kraft. Beste Bezahlung. Unterkunft,
Verpflegung, Benutzung der Hoteleinrichtungen
(Schwimmbad, Sauna, Fitnesscenter) frei.
cornelia.eisenbart@oase-hotels.com

C

KFZ-Techniker oder Mechatroniker (m/w)

Ihre Aufgaben: Service, Beratung,
Reparaturen, Angebotserstellung.
Sie bringen mit: Genauigkeit und
Teamgeist, Freude am Kontakt
mit Kunden, sicherer Umgang
mit MS-Office.
Wir bieten: Vollzeitbeschäftigung,
regelmäßige Weiterbildung,
Mitarbeit in einem jungen &
motivierten Team.
Sofortiger Beginn möglich.
p.wankel@auto-schrupp.de

D

Ihre Aufgaben: Planung, Design und
Implementierung von Web-Applikationen.
Ihr Profil: abgeschlossenes IT-Studium,
Erfahrung in der .NET C# Entwicklung,
gute Deutsch- und Englischkenntnisse.
Unser Angebot für Sie: eine attraktive
Karriere mit spannenden Projekten und
abwechslungsreichen Aufgaben bei einem
internationalen Technologieunternehmen.
www.architects-of-now.com

E

Office Manager (m/w) in
einer internationalen Sprachschule
Ihre Aufgaben: Betreuung der
Firmenkunden, Vermittlung
zwischen Kursleiter/innen und
Teilnehmer/innen, Qualitätssicherung,
Rechnungslegung.
Das bringen Sie mit: abgeschlossenes
Studium (Betriebswirtschaft oder
ähnliche Fachrichtung), exzellente
Deutsch- und Englischkenntnisse
(weitere Fremdsprachen von Vorteil).
www.blarneyworldwide.com

F

Office Assistant für internationale
Unternehmensgruppe gesucht (m/w)

Deine Aufgaben: Betreuung von
Kunden und Partnern, Vorbereitung
von Meetings und Präsentationen,
Reisemanagement.
Deine Qualifikationen: mindestens zwei
Jahre Erfahrung im Office-Bereich, sehr
gutes Englisch in Wort und Schrift, gute
MS-Office-Kenntnisse, selbstbewusstes
und professionelles Auftreten,
teamorientierte Persönlichkeit.
Deine Vorteile: langfristige Anstellung,
spannende und abwechslungsreiche
Tätigkeit. h.schnell@mgvhp.com

Hören

1 **Sie hören eine Diskussion. Sie hören die Diskussion zweimal. Dazu lösen Sie acht Aufgaben.**
Ordnen Sie die Aussagen zu: Wer sagt was?
Lesen Sie jetzt die Aussagen 1 bis 8. Dazu haben Sie 60 Sekunden Zeit.

Strategie:

1. Situationsbeschreibung lesen.
2. Aussagen lesen, Schlüsselwörter markieren.
3. Hören und ankreuzen.
   (Reihenfolge der Aussagen ist wie im Text.)
4. Noch einmal hören und Antworten kontrollieren.

Tipp:

– Lesen Sie die Situationsbeschreibung genau, das hilft beim Verstehen.
– Denken Sie kurz über das Thema nach. Welche Argumente erwarten Sie?
– Überlegen Sie schon beim Lesen der Aussagen: Wer könnte was sagen?
– Im Hörtext sind Wörter, die Sie wahrscheinlich nicht kennen. Das ist nicht schlimm. Sie sollen nur erkennen, wer die Aussagen 1.–8. macht.

Ein Moderator von *Radio Eins* diskutiert mit der Sprecherin der Bürgerinitiative *Pro Nationalpark* und einem Vertreter der Holzindustrie über das Thema „Soll die Rhön ein Nationalpark werden?"

	Moderator	Frau Poralla	Herr Machwitz
	⊠ a	b	c

Beispiel 🔊 *Track 19*

0. In Deutschland gibt es schon einige Nationalparks.

Sie hören:
Liebe Hörerinnen und Hörer, mein Name ist Nils Basting, und in unserer Waldwoche bei *Radio Eins* geht es heute um Nationalparks. Anfang der Woche hatten wir Ihnen ja schon Fakten über den deutschen Wald präsentiert. Vielleicht erinnern Sie sich: Deutschland hat zurzeit sechzehn Nationalparks.

Jetzt Sie 🔊 *Track 20*

	Moderator	Frau Poralla	Herr Machwitz
1. In der Rhön gibt es viele Bauern und Leute, die in der Holzwirtschaft arbeiten.	a	b	c
2. Eine Kernzone ist ein Naturschutzgebiet, in dem Menschen nichts verändern dürfen.	a	b	c
3. Durch mehr Touristen würde es auch mehr Arbeit in der Region geben.	a	b	c
4. Wenn die Rhön ein Nationalpark wäre, würden die Holzproduzenten weniger verdienen.	a	b	c
5. Die Rhön ist eine schöne Landschaft.	a	b	c
6. Der Begriff „Nationalpark" macht eine Gegend als Reiseziel attraktiver.	a	b	c
7. In der Rhön gibt es seltene Pflanzenarten, zum Beispiel Orchideen.	a	b	c
8. Die Schafe sorgen dafür, dass nicht überall Bäume wachsen.	a	b	c

Schreiben

1 Entschuldigungen, Begründungen und Terminvorschläge in (halb)formellen E-Mails. Ergänzen Sie.

sich entschuldigen: Bitte entschuldigen Sie, aber … / Leider … / ______

etwas begründen: …, weil … / Aus diesem Grund … / ______

Termine vereinbaren: Könnten wir einen neuen Termin vereinbaren? / Hätten Sie … Zeit? / ______

______

Strategie:

1. Situationsbeschreibung und Aufgabe genau lesen.
2. In der Sie-Form (groß) schreiben: Sie, Ihnen, Ihre, …
3. Anrede, Gruß, Unterschrift (Vor- und Nachname) nicht vergessen.

Tipp:

Anrede und Gruß in (halb)formellen E-Mails:
- Wenn man jemanden (noch) nicht persönlich kennt:
  Sehr geehrte/r … // Mit freundlichen Grüßen
- Wenn man schon öfter in Kontakt war oder die Person kennt:
  Liebe/r Herr / Frau … // Herzliche / Viele Grüße

2 Schreiben Sie eine E-Mail (circa 40 Wörter). Dazu haben Sie 15 Minuten Zeit.

Beispiel

0. Sie sind zu einem Computerkurs angemeldet. Zum ersten Termin können Sie aber nicht kommen. Schreiben Sie an Herrn Bender, den Kursleiter. Entschuldigen Sie sich höflich und sagen Sie, warum Sie nicht kommen können.

So kann Ihre E-Mail aussehen:

Sehr geehrter Herr Bender,
ich bin zu Ihrem Kurs angemeldet, kann aber leider heute nicht kommen, ich bin stark erkältet. Nächste Woche komme ich aber auf jeden Fall. Meine Freundin Lilja Gelovani ist auch im Kurs und wird mich informieren, was Sie gemacht haben.
Mit freundlichen Grüßen
Natia Kotiashvili

Jetzt Sie

1. Sie haben morgen einen Besprechungstermin mit Ihrer Chefin, Frau Dinkel. Aber Sie können morgen nicht. Schreiben Sie an Frau Dinkel. Entschuldigen Sie sich höflich und schreiben Sie, warum Sie nicht können. Bitten Sie um einen neuen Termin.

Sprechen

1a **Ein Thema präsentieren: Frauen im Beruf. Notieren Sie Stichwörter zur Situation in Ihrem Heimatland.** ⧎

In der Prüfung bekommen Sie ein Arbeitsblatt mit fünf Folien.

Folie 3 heißt immer „... in meinem Heimatland". Was könnten Sie erzählen? Machen Sie rechts auf der Folie Notizen.

Wenn Sie und Ihr Partner / Ihre Partnerin aus demselben Land kommen, können Sie die Folie auch gemeinsam vorbereiten.

> Berichten Sie von der Situation in Ihrem Heimatland und geben Sie Beispiele.
>
> Frauen im Beruf
>
> Folie 3
>
> Berufstätige Frauen in meinem Heimatland
>
> - Mehrheit (nicht) berufstätig
> - Bezahlung: _____
> - typische Berufe: _____

1b **Frauen im Beruf: Sprechen Sie über die Situation in Ihrem Heimatland.** ⧎

Beispiel   *Track 21*

Hören Sie ein Beispiel für Teil 3 einer Präsentation über Frauen im Beruf.

Jetzt Sie

Sprechen Sie jetzt selbst ca. 30-60 Sekunden. Sie können Ihre Notizen aus 1a benutzen. Ihr Partner / Ihre Partnerin hört zu.

1c **Geben Sie eine Rückmeldung zur Präsentation Ihres Partners / Ihrer Partnerin.** ⧎

Du hast sehr deutlich / gut / ... gesprochen.

Mir hat gefallen, dass du frei gesprochen hast.

Vielleicht könntest du etwas langsamer / lauter / ... sprechen.

1d **Sie können jetzt schon zwei Teile der Präsentation machen: Bereiten Sie auch Folie 2 zum Thema „Frauen im Beruf" vor.**

> Berichten Sie von Ihrer Situation oder einem Erlebnis im Zusammenhang mit dem Thema.
>
> Frauen im Beruf
>
> Folie 2
>
> Meine persönlichen Erfahrungen

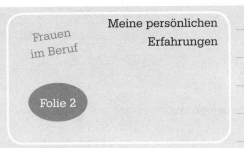

1e **Finden Sie einen neuen Partner / eine neue Partnerin und präsentieren Sie ihm / ihr Teil 2 und 3 des Themas.** ⧎

Tauschen Sie dann die Rollen. Geben Sie sich gegenseitig Rückmeldung und stellen und beantworten Sie Fragen.

Politik und Geschichte. Finden Sie zehn Wörter.

J	W	Ö	R	E	P	U	B	L	I	K	G	R	V	Ö	P
H	A	U	P	T	S	T	A	D	T	A	M	X	U	Y	A
Ü	H	D	E	M	O	K	R	A	T	I	E	S	Ü	Q	R
F	L	E	K	G	W	I	P	R	Ä	S	I	D	E	N	T
P	A	R	L	A	M	E	N	T	G	E	B	Ä	U	D	E
N	I	M	S	P	R	E	G	I	E	R	U	N	G	S	I

die Wahl

Demokratie in Deutschland. Lesen Sie und ergänzen Sie die Wörter aus 1a.

Im 1871 gegründeten Deutschen Reich, unter Kaiser Wilhelm I., gab es bereits freie Wahlen und ein   .
Trotzdem war das noch keine echte   , denn an der Spitze der   stand immer
noch der   . Erst 1918, nach dem Ersten Weltkrieg, wurde Deutschland eine   ; man
nannte sie „Weimarer Republik". Der Regierungschef war jetzt ein   . Nach der Weltwirtschaftskrise (ab 1929)
kam es aber zu vielen Problemen, und 1933 übernahmen die Nationalsozialisten die Macht. Bis 1945 war Deutschland eine Diktatur –
die einzige   , die erlaubt war, war die NSDAP, die Partei von Adolf Hitler. Nach dem Zweiten Weltkrieg entstanden
1949 zwei deutsche Staaten: die Bundesrepublik Deutschland und die Deutsche Demokratische Republik. Die
der BRD war Bonn, die Hauptstadt der DDR war Berlin. Seit der Wiedervereinigung im Jahr 1990 ist Berlin die Hauptstadt von ganz
Deutschland, und das Parlament hat seinen Sitz wieder im Reichstag, dem   , das so viele Hochs und Tiefs
der deutschen Geschichte erlebt hat.

Lesen Sie noch einmal und ergänzen Sie die Zeitleiste mit den Stichwörtern.

Nationalsozialismus | Gründung BRD/DDR | Wiedervereinigung | 2. Weltkrieg | Weimarer Republik | 1. Weltkrieg

Gründung des
Deutschen Reichs

1871   1914   1918   1933   1939   1945 1949   1990

Verbinden Sie die Sätze.

1. Der Kaiser regierte. Die Menschen wollten eine Demokratie.

   Schon während *der Kaiser regierte,* _____

2. Der Erste Weltkrieg war vorbei. Deutschland wurde eine Republik.

   Nachdem _____

3. Deutschland war unter nationalsozialistischer Herrschaft. Es war kein demokratischer Staat mehr, sondern eine Diktatur.

   Als _____

4. Deutschland ist wiedervereinigt. Berlin ist die Hauptstadt.

   Seit _____

2

Wenn oder als? Ergänzen Sie.

_____ ich zum ersten Mal in Berlin war, besichtigte ich natürlich den Reichstag. Auch heute gehe ich noch am Gebäude vorbei, _____ ich in die Hauptstadt komme. Ich bin immer beeindruckt, _____ ich die große Kuppel aus Glas sehe. _____ ich letztes Jahr Besuch aus Amerika hatte, sind wir auf die Kuppel gegangen und haben die tolle Aussicht über Berlin genossen. Immer _____ ich jetzt ein Bild vom Reichstag sehe, erinnere ich mich daran.

3

Ergänzen Sie die Tabelle.

Nomen	Verb	Adjektiv
die Demokratie		demokratisch
die Abstimmung		
das Parlament		
	vertreten	
die Debatte		
		transparent
	symbolisieren	symbolisch
		frei

4a

Ergänzen Sie Formen von wäre, hätte, würde, müsste, dürfte und entscheiden Sie: Wer spricht?

Interviewer: Verzeihung, darf ich Ihnen eine Frage stellen? Es geht ganz schnell. Was _____ Sie machen, wenn Sie Politiker _____?

Person A: Wenn ich Politiker _____, _____ wir Rentner genug Geld zum Leben und _____ uns nicht jeden Einkauf dreimal überlegen!

Interviewer: Vielen Dank. – Darf ich Sie auch fragen? Was _____ Ihnen wichtig, wenn Sie Politikerin _____?

Person B: Ich _____ endlich mehr Kindergärten bauen. Meine Tochter ist jetzt drei und ich bekomme keinen Platz für sie. Wenn ich die Möglichkeit _____, _____ ich das ändern.

Interviewer: Danke sehr. – Und du? Wenn du entscheiden _____, was _____ du machen?

Person C: Ich _____ eine richtig coole Radstrecke mitten durch die Stadt bauen.

Interviewer: Du fährst wohl gern Rad?

Person C: Na klar.

Person _____

Person _____

Person _____

4b _Track 22_

Hören Sie zur Kontrolle.

Lesen Sie die Zeitungsnachricht und kreuzen Sie an: richtig oder falsch.

Rauchverbot im Stadtpark

Heute stimmt die Stadtregierung über den Vorschlag ab, dass die Bürger und Bürgerinnen im Stadtpark nicht mehr rauchen dürfen. Die Oppositionsparteien sind grundsätzlich für ein Verbot, möchten aber Raucherbereiche einrichten. Vor allem die Besitzer der Gartenlokale im Park, wo man zurzeit noch rauchen darf, wollen protestieren, wenn ein absolutes Rauchverbot kommt.

1. Man soll in der Stadt nirgends rauchen dürfen.	richtig	falsch
2. Die anderen Parteien wollen kein Rauchverbot.	richtig	falsch
3. Die Lokalbesitzer wollen, dass ihre Gäste draußen rauchen dürfen.	richtig	falsch

Lesen Sie die vier Leserbriefe und entscheiden Sie: Ist die Person für das Rauchverbot?

Ich bin mit meinen beiden Kindern oft im Stadtpark. Es ist schrecklich, wenn dort überall Menschen sitzen, die rauchen. Das ist für die Kinder kein gutes Beispiel, und ich finde, es sollte nicht erlaubt sein. *Karin, 30 Jahre*	Ich verstehe, dass man in Lokalen nicht rauchen darf. Aber dass ich jetzt nicht einmal mehr draußen eine Zigarette genießen darf, finde ich nicht richtig. Man kann es ja am Spielplatz verbieten, aber doch nicht überall. *Franz, 48 Jahre*	Wenn ich in den Park gehe, möchte ich in Ruhe auf einer Bank sitzen und die Natur genießen. Aber überall liegen Reste von Zigaretten herum, die die Leute einfach auf die Wege werfen. Schlimm ist das. Ich habe noch nie geraucht und verstehe nicht, warum man so etwas braucht. Aber es hat sicher wenig Sinn, es verbieten zu wollen. *Johannes, 80 Jahre*	Immer geht es gegen die Raucher und Raucherinnen! Der Staat verdient gut an uns, weil wir für die Zigaretten ja Steuern bezahlen. Ich denke, dass wir deshalb auch Rechte haben sollten. *Franziska, 25 Jahre*

1. Karin	ja	nein
2. Franz	ja	nein
3. Johannes	ja	nein
4. Franziska	ja	nein

Rauchverbot im Park? Bilden Sie zwei Gruppen: eine dafür, eine dagegen. Sammeln Sie Argumente.

Spielen Sie jetzt eine Bürgerversammlung. Ihr Lehrer / Ihre Lehrerin leitet die Diskussion. Die Redemittel helfen Ihnen.

Ich denke / finde / glaube / meine, dass …
Ich finde es (nicht) sinnvoll / gut / richtig, …
Meiner Meinung nach …
Ich bin dafür / dagegen, weil …

Das stimmt (nicht).
Das sehe ich auch so. / ganz anders.
Genau.
Da bin ich ganz deiner / anderer Meinung.

Na ja, aber auf der anderen Seite …
Das stimmt schon, aber …
Ich weiß nicht, ob …
Da hast du recht, aber …

 6

Freiwillig helfen. Verbinden Sie die Sätze auf zwei verschiedene Arten.

Beispiel: Ich arbeite für das Rote Kreuz. Ich will anderen helfen.
   weil: *Ich arbeite für das Rote Kreuz, weil ich anderen helfen will.*
   deshalb: *Ich will anderen helfen, deshalb arbeite ich für das Rote Kreuz.*

1. Mein Freund ist bei der Feuerwehr. Er arbeitet gern im Team.

   darum: _____

   weil: _____

2. Manche Leute engagieren sich nicht. Sie wollen ihre Ruhe haben.

   weil: _____

   deshalb: _____

3. Wir brauchen die Freiwilligen. Die Kosten sind dann viel geringer.

   wegen: _____

   denn: _____

7a

Für andere da sein. Schreiben Sie Sätze.

Beispiel: Peter / Lust haben / andere Menschen kennenlernen
   Peter hat Lust, andere Menschen kennenzulernen.

1. Silke / versuchen / ihrer alten Nachbarin helfen

   _____

2. Es / wichtig sein / für andere da sein

   _____

3. Es / manchmal schwer sein / mit allem allein klarkommen

   _____

4. Karin / Flüchtlingskindern helfen / Deutsch lernen

   _____

5. Es / sicher schwer sein / die Heimat verlassen müssen

   _____

7b

Schreiben Sie drei Fragen, jede auf einen Zettel.

Lust haben zu – schwer / leicht sein zu – versuchen zu – sich freuen zu – helfen zu – wichtig / gut finden zu – …

   Hast du Lust, dich zum
   Schachspielen zu treffen?

   Ist es manchmal schwer für
   dich, …

 7c

Verteilen Sie die Fragen an Ihre Kurskollegen. Welche haben Sie bekommen? Lesen Sie vor und antworten Sie.

8a

Richtig schreiben: Sie oder sie, Ihnen oder ihnen, Ihre oder ihre?

Haben ___ie Lust, Kindern mit Migrationshintergrund zu helfen? *HelpChild* hilft ___hnen,

wenn ___ie Unterstützung bei den Schulaufgaben brauchen. Wir spielen und lernen ehren-

amtlich mit ___hnen. Machen ___ie mit! Die Kinder und ___hre Eltern sind ___hnen dankbar.

Melden ___ie sich unter: nick.gerber@gmail.com

8b **P**

Sie möchten bei *HelpChild* mitarbeiten. Schreiben Sie eine E-Mail an Herrn Gerber (8a).

Schreiben Sie zu allen drei Punkten:
– Stellen Sie sich kurz vor.
– Fragen Sie, wie viele Leute mitarbeiten und wo und wann sie sich mit den Kindern treffen.
– Fragen Sie, wie alt die Kinder sind.

Sehr geehrter Herr Gerber,

ich habe Ihre Anzeige gelesen und _____

_____

_____

_____

_____

_____

_____

_____

8c **P**

Planen Sie gemeinsam einen Spielnachmittag für Kinder.

Machen Sie Vorschläge und reagieren Sie auf Vorschläge Ihres Partners / Ihrer Partnerin.
– Wann soll der Spielnachmittag stattfinden?
– Was genau wollen Sie machen?
– Wie alt sollen die Kinder sein?
– Wer sorgt für Kuchen und Saft?

A: Wir könnten / Ich schlage vor, …

   Das ist eine gute Idee.

   Wann / Wo / Wie viele / Um wie viel Uhr / …? Was denkst / meinst du?

   Wir sollten auch …

   In Ordnung, mache ich.

B: Ich würde / möchte lieber …

   Ja, gut. Und könntest du …?

   Prima. Ich kann dann …

8d ⓟ 🔊 Track 23

Hören Sie das Gespräch und kreuzen Sie an: richtig oder falsch.

1. Yvonne arbeitet ohne Bezahlung mit Kindern. ☐ richtig ☐ falsch
2. Sie lernt nur mit den Kindern der Nachbarn. ☐ richtig ☐ falsch
3. Yvonne macht die freiwillige Arbeit bis jetzt allein. ☐ richtig ☐ falsch
4. Faysal hat keine Zeit mitzuhelfen. ☐ richtig ☐ falsch
5. Faysal will mit den Kindern Musik machen. ☐ richtig ☐ falsch

9a

Ergänzen Sie Endungen, wo nötig.

Ich kenne Mensch_____ aus der ganzen Welt. Bei uns in der Firma haben wir eine Italiener_____, einen Schwed_____ und einen Griech_____. Mit meinem Nachbar_____ spreche ich französisch, weil er Franzos_____ ist. Er hat aber oft Besuch von einem Portugies_____ und einer Pol_____, dann sprechen wir englisch. Mein anderer Nachbar_____ ist Student_____. Er ist Kurd_____. Seine Freundin ist Russ_____. Mit den beiden spreche ich auch englisch. Mit Herr_____ Keita, dem Präsident_____ meines Schachclubs, spreche ich deutsch, obwohl er Senegales_____ ist, denn er hat in Aachen Deutsch studiert. Er spricht genauso gut deutsch wie ich, und er spielt viel besser Schach!

9b

Welche Nomen gehören zur n-Deklination? Markieren Sie im Text und sortieren Sie.

Nationalitäten: *der Schwede,* _____ .

andere: *der Mensch,* _____

10a

Schreiben Sie fünf Wörter aus der Lektion, die Sie schwierig finden, auf Zettel. Verteilen Sie die Zettel an Ihre Kurskollegen.

| *die Herrschaft* | *abstimmen* | *frieren* | *ehrenamtlich* |

10b

Schreiben Sie Erklärungen auf die Rückseite der Zettel, die Sie bekommen haben.

| *abstimmen* | *Alle sagen ja oder nein.* |

10c

Gehen Sie durch den Raum und lesen Sie jemandem eine Erklärung vor.
Die andere Person rät und liest dann auch eine Erklärung vor. Tauschen Sie die Zettel und gehen Sie weiter.

A: Was ist das? Alle sagen ja oder nein.

Richtig! Jetzt du!

B: Abstimmen? Die Leute stimmen ab?

Wie heißt dieses Wort? Man arbeitet ohne Geld, weil man helfen will. …

Lesen Sie die beiden Biografien und kreuzen Sie an: a, b oder c.

Max Frisch wurde am 15. Mai 1911 als Sohn eines Architekten in Zürich geboren. Ab Herbst 1930 studierte er an der Universität Zürich deutsche Sprache und Literatur (Germanistik). Bereits als Schüler hatte er Theaterstücke geschrieben, und während des Studiums arbeitete er für verschiedene Zeitungen. Nach dem Tod seines Vaters brach er das Studium ab. Von Februar bis Oktober 1933 reiste er durch Ost- und Südeuropa. Das Geld für die Reise verdiente er sich mit Reiseberichten.
Lange Zeit war sich Frisch nicht sicher, ob er gut genug schreiben konnte, um ein erfolgreicher Autor zu werden. 1936 begann er ein Architekturstudium, das er mit einem Diplom abschloss. Danach arbeitete er einige Jahre als Architekt im Büro seines Freundes, später eröffnete er ein eigenes Büro. 1944 entstand sein erstes Theaterstück, „Santa Cruz". 1954 erschien sein Roman „Stiller", der ein Bestseller wurde. 1955 schloss er sein Architekturbüro und konzentrierte sich nur noch aufs Schreiben. 1957 erschien sein Roman „Homo faber", der auch sehr erfolgreich war. Am 23. März 1958 zeigte das Schauspielhaus Zürich zum ersten Mal sein Drama „Biedermann und die Brandstifter". Es ist eines der bedeutendsten deutschsprachigen Theaterstücke des 20. Jahrhunderts. Max Frisch bekam zahlreiche wichtige Literaturpreise. Am 4. April 1991 starb er in Zürich, sechs Wochen vor seinem 80. Geburtstag.

Peter Zumthor ist am 26. April 1943 in Basel geboren. Nach der Schule machte er eine Ausbildung als Möbelschreiner in der Schreinerei seines Vaters. Ab 1963 studierte er Innenarchitektur und Design an der Kunstgewerbeschule Basel. 1966 wechselte er zum Studium an das Pratt Institute in New York. Nach dem Abschluss seines Studiums war Zumthor in Deutschland, in der Schweiz und in den Vereinigten Staaten als Professor für Architektur tätig. 1979 eröffnete er sein eigenes Architekturbüro in Haldenstein im Kanton Graubünden. 1989 gestaltete er die Kapelle „Sogn Benedetg" in Sumvitg und 1996 das Thermal- bad Vals.
Beide Gebäu- de liegen in Graubünden und sind berühmte Bei-

spiele seiner handwerklich meisterhaften Arbeit. Im österreichischen Bregenz baute er das Kunsthaus. Zumthor bekam viele Preise, unter anderem den Pritzker-Preis, einen international bedeutenden Architekturpreis. Peter Zumthor ist verheiratet, hat drei erwachsene Kinder und lebt in Haldenstein.

1. Max Frischs Vater
   a. wollte, dass sein Sohn Germanistik studiert.
   b. bezahlte das Studium seines Sohnes.
   c. arbeitete als Architekt.

2. Max Frisch
   a. war nach dem Tod seines Vaters monatelang auf Reisen.
   b. arbeitete während seines Studiums als Reiseführer.
   c. schrieb schon während seines Studiums Bestseller.

3. Max Frisch
   a. schrieb nur Romane.
   b. war einige Jahre als Architekt tätig.
   c. wurde erst nach seinem Tod berühmt.

4. Peter Zumthors Vater
   a. war Innenarchitekt.
   b. war Lehrer an der Kunstgewerbeschule Basel.
   c. war Schreiner.

5. Peter Zumthor
   a. studierte in Berlin und New York Architektur und Design.
   b. war als Architekturprofessor in den USA.
   c. eröffnete ein Architekturbüro in den Vereinigten Staaten.

6. Peter Zumthor
   a. gestaltete berühmte Gebäude in der Schweiz.
   b. war Direktor des Kunsthauses in Bregenz.
   c. lebt mit seiner Familie überall auf der Welt.

1b

Stellen Sie Ihrem Partner / Ihrer Partnerin Fragen zu Max Frisch und Peter Zumthor.

A: Wann ist Peter Zumthor geboren?

B: Am 26. April 1943.
   Kannst du mir ein Gebäude nennen, das er entworfen hat?

Eine Kapelle in Graubünden. Ich glaube, das ist eine Art Kirche.
Wo / Was / Wie lang / …?
Weißt du … / Kannst du mir sagen …

 1c Track 24

Hören Sie den Radiobeitrag über die Schweizer Künstlerin Pipilotti Rist und ergänzen Sie die Informationen.

Künstlername:	Pipilotti Rist
Echter Name:	_____ Rist
Geburtsdatum:	_____
Geburtsort:	Grabs / Kanton St. Gallen
Studium:	– 1982 – _____ : Grafik in _____
	– 1986 – _____ : Audiovisuelle _____ in Basel
Freiberufliche Tätigkeit:	_____ grafikerin
Arbeiten / Kunstformen:	Videoinstallationen, Experimental_____ , Computer_____
Preise:	(unter anderem) „Premio 2000", 19_____
Auftritte und Alben mit „Les Reines Prochaines": 1988 – _____
Erster Spielfilm:	„Pepperminta" (2_____)
Zitat:	„Video ist wie eine kompakte_____ , da ist von _____ über Malerei bis zur_____ alles drin."
Wohnort:	_____
Familie:	ein _____ (Himalaya)

 1d

Vergleichen Sie mit Ihrem Partner / Ihrer Partnerin.

 2a

Possessivartikel im Genitiv. Schreiben Sie Sätze wie im Beispiel.

Beispiel: ich: die Liebe – das Leben   Chris ist *die Liebe meines Lebens.*
1. du: der Titel – die Doktorarbeit   Wie ist _____?
2. er: das Architekturbüro – der Freund   Max Frisch arbeitete im _____.
3. sie: die Farbenfreude – die Arbeiten   Pipilotti Rist ist bekannt für _____.
4. wir: das Thema – die Sendung   _____ ist Multimedia-Kunst.
5. ihr: der Vorname – der Sohn   _____ ist wirklich ungewöhnlich.
6. sie: die Klarheit – das Design   _____ machen diese Gebäude so attraktiv.

2b

Ergänzen Sie die Possessivartikel und auch -s an den Nomen, wo es nötig ist.

Lieber Beat,

letzte Woche musste ich an dich denken, weil wir in meinem Deutschkurs über deine Heimat gesprochen haben. Die Mehr-

heit _____ Kurskollegen__ dachte, dass Zürich die Hauptstadt der Schweiz ist, nur ich wusste, dass das nicht stimmt!

Natürlich haben wir nicht nur über die Politik der Schweiz geredet, sondern auch über die Besonderheiten _____

Kultur__, _____ Natur__, _____ Küche__ … Das Lieblingsessen _____ Deutschlehrer__ heißt

„Zürcher Geschnetzeltes". Kannst du mir sagen, was das genau ist?

„Heidi" kannten natürlich alle. Aber nicht jeder wusste, wer die Bücher geschrieben hat. Ich habe dir ja schon erzählt, dass

Johanna Spyri die Lieblingsautorin _____ Kindheit__ war. Kannst du mir ein Buch _____ Schweizer

Lieblingsautor__ empfehlen? Meine Schwester hat alles von Friedrich Dürrenmatt gelesen. Sie fand besonders das Thema

_____ Theaterstück__ „Die Physiker" sehr gut. In meiner Familie sind wir alle Schweiz-Fans ☺. Das Idol

_____ kleinen Bruder__ Ramón ist Roger Federer. Ramón spielt auch Tennis, aber er steht natürlich noch ganz am

Anfang _____ „Karriere__". ☺

Liebe Grüße aus Toledo in die Schweiz!
Teresa

3a **P** 🔊 Track 25

Hören Sie das Gespräch zwischen Nicole und Fabian. Kreuzen Sie an: richtig oder falsch.

1. Fabian ist mit Leuten aus der Schweiz befreundet.	☐ richtig	☐ falsch
2. Die Sprachgrenze in der Schweiz verläuft zwischen Norden und Süden.	☐ richtig	☐ falsch
3. Nicoles Freundin Melli hat für sie Rösti gemacht.	☐ richtig	☐ falsch
4. Melli fand Zürich toll, aber teuer.	☐ richtig	☐ falsch
5. Fabians Freund Jean-Michel arbeitet als Kellner in einem Restaurant in Basel.	☐ richtig	☐ falsch
6. Jean-Michel spricht nicht sehr gut Deutsch.	☐ richtig	☐ falsch

die Rösti

3b

Schreiben Sie Relativsätze mit „was". Hören Sie dann noch einmal zur Kontrolle.

Beispiel:

Wir sprechen Deutsch. Schweizerdeutsch ist ganz anders.

Schweizerdeutsch ist ganz anders als das Deutsch, was wir sprechen.

1. Es gibt nichts Leckereres als Rösti.

   Rösti ist das _____

2. Die hohen Preise haben sie gestört. Das war das Einzige.

   Das _____

3. Die Mieten machen das Leben in Zürich so teuer.

   Die Mieten sind _____

4. Die Kellnerin hat etwas gesagt. Er hat es nicht verstanden.

   Er _____

5. Etwas hat uns gerettet. Wir konnten beide ein bisschen Englisch.

   Wir _____

4a

Volksabstimmungen. Was denken Sie: Wofür und wogegen waren die Schweizer? Verbinden Sie.

Am 23. September 2018 stimmten die Schweizer und Schweizerinnen über diese Forderungen ab: A   B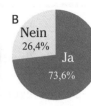

1. Der Staat muss für mehr und bessere Fahrradwege sorgen.
2. Die Lebensmittelproduktion in der Schweiz muss fair, tierfreundlich und umweltfreundlich sein.

 4b   *Track 26*

Hören Sie die Radionachricht und kreuzen Sie an: richtig oder falsch. Haben Sie in 4a richtig geraten?

		richtig	falsch
1. Das Abstimmungsergebnis über die „Fair-Food-Initiative" war klar und deutlich.		☐	☐
2. Über 60 Prozent stimmten für die „Fair-Food-Initiative".		☐	☐
3. Die Gegner der Initiative machten sich Sorgen um hohe Lebensmittelpreise.		☐	☐
4. Bei beiden Ergebnissen der Volksabstimmung gab es eine deutliche Mehrheit.		☐	☐
5. Die vielen Stimmen für die Förderung der Rad- und Wanderwege waren eine Überraschung.		☐	☐

 5a

Wofür / Wogegen sind Sie? Wählen Sie ein Thema und diskutieren Sie mit Ihrem Partner / Ihrer Partnerin. 👥

Handyverbot in öffentlichen Gebäuden – Studiengebühren – kostenlose öffentliche Verkehrsmittel –
Tempolimit auf der Autobahn – Landwirtschaft ohne Gentechnik – mehr Polizei – …

A: Also ich bin für / gegen …, denn / weil …
Und wie siehst du das? Bist du dagegen oder dafür?

B: Ja, ich denke, da hast du recht.
Nein, ich finde …
Deshalb / Darum bin ich dafür / dagegen.

 5b

Argumente für (+) und gegen (–) Volksabstimmungen: Markieren Sie.

Beispiel: Mitbestimmen zu dürfen macht die Bürger und Bürgerinnen politisch zufriedener. +
1. Wichtige Entscheidungen sollten nicht allein von der Regierung getroffen werden.
2. Viele stimmen ab, obwohl sie nicht gut informiert sind.
3. Die Leute denken bei der Abstimmung oft nur an ihre eigenen Interessen und nicht an das, was für alle gut ist.
4. Die Politiker sollten mehr auf das hören, was die Bürger sagen.
5. Für Minderheiten können Volksabstimmungen große Nachteile bringen.

 5c

Welches Argument aus 5b überzeugt Sie am meisten? Notieren Sie, oder ergänzen Sie eine eigene Idee.

Lesen Sie den Beitrag aus einem Internetforum. Schreiben Sie dann Ihre eigene Meinung.

Politik-Chat

Demokratin91 18.10., 22:15	Volksabstimmungen finde ich gut, weil wir Bürger und Bürgerinnen bei wichtigen Entscheidungen direkt gefragt werden sollten, nicht nur alle vier Jahre bei den Wahlen. So sieht echte Demokratie aus.

Richtig schreiben: -lig oder -lich?

1. sach
2. neb
3. zufäl

4. nachdenk
5. höf
6. deut

7. ek
8. gruse
9. zusätz

10. langwei
11. eigent
12. dama

 *Track 27*

Grüezi in Bern. Hören Sie die Informationen und kreuzen Sie an: a, b, oder c.

1. Vom Turm des Münsters sieht man
   a. das Gebirge.
   b. das Meer.
   c. moderne Wohnviertel.
2. Die astronomische Uhr im Zeitglockenturm
   a. ist über sechshundert Jahre alt.
   b. ist eine Konstruktion von Albert Einstein.
   c. geht schon lange nicht mehr richtig.
3. Albert Einstein
   a. arbeitete in Bern an der Relativitätstheorie.
   b. verbrachte den größten Teil seines Lebens in Bern.
   c. gründete in Bern ein Museum für Physik.

4. Das Bundeshaus
   a. steht in Zürich.
   b. ist das schweizerische Parlamentsgebäude.
   c. ist eine Lagerhalle für Materialien aus der Schweiz.
5. Der Bärenpark
   a. ist ein Zoo mit vielen verschiedenen Tieren.
   b. liegt am Fluss Aare.
   c. ist ein Symbol für den Tierschutz in der Schweiz.

Bern zu Fuß erleben

Stadtführungen

Besichtigen Sie die Schweizer Hauptstadt und das UNESCO Welterbe bei einem 2-stündigen Rundgang durch die Altstadt – vorbei an bekannten Sehenswürdigkeiten und geheimen Orten.

7b

Über welche Sehenswürdigkeit hat die Stadtführerin nicht gesprochen? Kreuzen Sie an und hören Sie dann noch einmal.

7c

Schreiben Sie Relativsätze.

Beispiel: Das Münster hat einen 100 m hohen Turm. (Man hat von dort einen herrlichen Blick.)

Das Münster hat einen 100 m hohen Turm, von dem man einen herrlichen Blick hat.

1. In der Kramgasse steht ein Haus. (Albert Einstein hat zwei Jahre dort gewohnt.)

2. In Bern gibt es viele schöne Cafés. (Man kann dort leckere Hörnchen essen.)

3. Wie heißt der Platz? (Dort steht das Bundeshaus.)

4. Die Brücke führt zum anderen Ufer. (Dort liegt der Bärenpark.)

5. Die Altstadt hat viele kleine Gassen. (Dort gibt es die schönsten Läden.)

6. Dieser hübsche Fluss ist die Aare. (Man kann auf ihr auch Boot fahren.)

8

Was passt nicht? Streichen Sie die falschen Satzteile durch.

1. A: Was liest du denn da? / ~~doch da?~~
   B: „Heidi", das ist mein Lieblingsbuch.
   A: Ah, von Max Frisch!
   B: „Heidi" ist mal nicht / doch nicht von Max Frisch!

2. A: Hör mal! / denn!
   B: Das klingt ja toll. / denn toll.
      Was ist das doch? / denn?
   A: Das ist die neue CD von Sophie Hunger.

3. A: Fahr denn mal / doch mal wieder mit mir nach Bern.
   B: Prima Idee. Wir können mal / ja dieses Wochenende fahren.
   A: Super! Bei dem Wetter kann man noch in der Aare schwimmen.

4. A: Sag mal / denn, kennst du eigentlich die „Reines Prochaines"?
   B: Das ist denn / doch diese Schweizer Frauenband, oder?
   A: Genau. Die treten am Samstag im Kulturzentrum auf.
      Ich gehe auf jeden Fall hin. Komm doch mit! / ja mit!

Lesen

1 **Lesen Sie die Aufgaben 1 bis 4 und den Text dazu. Wählen Sie bei jeder Aufgabe die richtige Lösung a , b oder c .**

Strategie:	Tipp:
1. Situationsbeschreibung genau lesen.	– In diesem Prüfungsteil geht es immer um Regeln oder Anweisungen.
2. Aufgabe lesen und passende Information im Text suchen. Achtung, Aufgaben sind nicht in der Reihenfolge des Texts!	– Die Zwischenüberschriften helfen bei der Orientierung.

Sie interessieren sich für eine ehrenamtliche Arbeit und informieren sich im Internet.

Beispiel

0. Wenn man ehrenamtlich arbeiten möchte,
- a braucht man sehr viel Freizeit.
- ☒ kann man selbst entscheiden, wie viel man machen will.
- c muss man eine Stunde pro Monat einplanen.

> Im Text steht: Wie viel Zeit Sie investieren möchten, hängt ganz von Ihnen ab. → b ist richtig.

Jetzt Sie

1. Sie sollten das machen, was
- a gebraucht wird.
- b Sie gern tun und gut können.
- c die anderen von Ihnen verlangen.

2. Ihre Freunde und Bekannten
- a kennen vielleicht gute Möglichkeiten, freiwillig zu helfen.
- b werden es gut finden, wenn Sie ein Ehrenamt übernehmen.
- c können Ihnen bei der ehrenamtlichen Tätigkeit helfen.

3. Sie sollten Ihr Ehrenamt ernst nehmen, weil
- a sich andere Menschen auf Sie verlassen.
- b es eine besondere, unbezahlte Tätigkeit ist.
- c Terminabsprachen das Wichtigste dabei sind.

4. Wichtig beim Ehrenamt ist, dass
- a die Kollegen Sie bei Fragen ansprechen können.
- b Sie Probleme selbstständig lösen können.
- c Sie jemand unterstützt, wenn Sie Hilfe brauchen.

So finden Sie ein Ehrenamt, das zu Ihnen passt:

Zeitaufwand

Ein Ehrenamt kann fast eine Vollzeitbeschäftigung sein oder nur ein paar Stunden pro Monat dauern. Wie viel Zeit Sie investieren möchten, hängt ganz von Ihnen ab. Sie können auch für eine begrenzte Zeit bei einem bestimmten Projekt mitarbeiten.

Ihre Wünsche und Interessen

Sie sollten Freude an der Aufgabe haben, denn nur dann machen Sie sie über längere Zeit gern und gut. Wenn Sie Tiere lieben, könnten Sie sich beim Tierschutz engagieren. Wenn Sie gern mit Menschen aus anderen Ländern arbeiten, können Sie in der Flüchtlingshilfe aktiv werden. Ehrenamtliche werden in allen Bereichen der Gesellschaft gebraucht.

Ehrenamt heißt Verantwortung

Für eine ehrenamtliche Tätigkeit bekommen Sie kein Geld, aber andere Menschen sind von Ihrer Hilfe abhängig. Überlegen Sie also vorher, ob Sie bereit sind, sich an Terminabsprachen und andere Vereinbarungen zu halten.

Ansprechpartner/innen sind wichtig

Achten Sie darauf, dass es jemanden gibt, der für Sie da ist, wenn es Fragen oder Probleme gibt. Fragen Sie zu Beginn danach.

Wie finde ich etwas Passendes?

Informieren Sie sich im Internet. In den meisten Ländern gibt es staatliche und private Organisationen, die bei der Suche helfen, in Deutschland z.B. die Bundesarbeitsgemeinschaft der Freiwilligenagenturen. Oder fragen Sie Freunde und Bekannte, wo sie ehrenamtlich helfen. Vielleicht kennt jemand die perfekte Möglichkeit für Sie.

Hören

1 **Sie hören fünf kurze Texte. Sie hören jeden Text zweimal. Zu jedem Text lösen Sie zwei Aufgaben.**
Wählen Sie bei jeder Aufgabe die richtige Lösung.
Vor jedem Hörtext haben Sie zehn Sekunden Zeit zum Lesen. 🔊 *Track 28*

Text 1:

1. Tessa ruft wegen einer CD an.

richtig		falsch

2. Swantje soll

    a einen Artikel über Demokratie schreiben.
    b Tessa ein Buch leihen.
    c Herrn Nolte anrufen.

Text 2:

3. Herr Grabowski möchte ein Hilfsprojekt aktiv unterstützen.

richtig		falsch

4. Herr Grabowski

    a soll zu Frau Vandenbeck ins Büro kommen.
    b kann Frau Vandenbeck nächste Woche anrufen.
    c kann Herrn Meyerlaub seine Fragen stellen.

Text 3:

5. Martin sucht eine neue Wohnung.

richtig		falsch

6. Heike hat

    a Martin letzte Woche beim Aufräumen geholfen.
    b vielleicht einen Schlüssel von Martin.
    c Martins Schlüssel verloren.

Text 4:

7. Fritzis Freunde sind auf dem Weihnachtsmarkt.

richtig		falsch

8. Fritzi soll

    a ihre Freunde treffen.
    b ein Weihnachtsgeschenk für Thorsten kaufen.
    c Glühwein mitbringen.

Text 5:

9. Thomas ruft seine frühere Mathematiklehrerin an.

richtig		falsch

10. Thomas

    a wollte gern Frau Hüttels Unterricht beobachten.
    b hat sein Examen in Mathematik gemacht.
    c mag Frau Hüttel nicht besonders.

Tipp:

Lesen Sie noch einmal die Strategie
und das Beispiel auf Seite 35.

2 **Hören Sie noch einmal. Was für Anrufe sind das? Ordnen Sie zu.**

Die Person ruft vor allem an, um

a. Informationen zu geben.   Text ☐

b. einen Vorschlag zu machen.   Text ☐

c. etwas zu fragen.   Text ☐

d. einfach mal hallo zu sagen.   Text ☐

e. um etwas zu bitten.   Text ☐

Schreiben

1 **Erste Sätze in einer (halb)formellen E-Mail, wenn man sich noch nicht kennt. Was passt nicht? Streichen Sie.**

Hallo, ich bin der Tim. | Ich schreibe Ihnen, weil … | Ist bei Ihnen das Wetter auch so schlecht? | Darf ich mich kurz vorstellen? | Ich … und aus diesem Grund schreibe ich Ihnen. | Ich möchte Sie gern fragen, ob … | Ich finde Sie toll und will Sie kennenlernen. | Durch … habe ich von Ihrer Arbeit erfahren.

2 **Terminvereinbarungen in einer (halb)formellen E-Mail. Was passt nicht? Streichen Sie.**

Wann hätten Sie denn Zeit für ein Gespräch? | Ich rufe bald mal an. | Könnten wir uns am 15. Februar um 15:30 Uhr treffen? | Ich habe immer Zeit, und Sie? | Würde Ihnen der 17. März passen? | Wann könnte ich Sie nächste Woche telefonisch erreichen? | Könnten wir nächste Woche telefonieren? | Sie können mir auch gern einen Termin vorschlagen, ich bin flexibel. | Ich komme am 15. Februar um halb vier bei Ihnen vorbei, das passt doch sicher, oder?

3 **Schreiben Sie es höflicher.**

Beispiel: Schicken Sie mir Informationen!   *Es wäre nett, wenn Sie mir einige Informationen schicken könnten.*

1. Rufen Sie mich schnell mal an.

2. Ich kann nicht, wir verschieben den Termin.

3. Ich brauche einen Termin mit Ihnen.

4. Ich will Sie was fragen.

4 **Schreiben Sie eine E-Mail (circa 40 Wörter). Dazu haben Sie 15 Minuten Zeit.**

Sie schreiben ab und zu für die Campuszeitung Ihrer Universität und wollen über den Alltag einer Politikerin berichten.

Schreiben Sie an die Abgeordnete Frau Dr. Schweighöfer-Wolff und bitten Sie um ein Interview.
- Stellen Sie sich kurz vor.
- Nennen Sie den Grund, warum Sie schreiben.
- Bitten Sie um einen Termin für ein Telefongespräch.

Sprechen

1a **Ein Thema präsentieren: Ehrenamtlich arbeiten. Notieren Sie Vor- und Nachteile (Stichwörter).**

In der Prüfung bekommen Sie ein Arbeitsblatt mit fünf Folien.
Folie 4 heißt immer „Vor- und Nachteile und meine Meinung". Was könnten Sie erzählen? Machen Sie rechts Notizen.

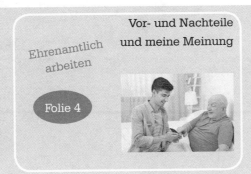

Nennen Sie die Vor- und Nachteile und sagen Sie dazu Ihre Meinung. Geben Sie auch Beispiele.

Ehrenamtlich arbeiten

Vor- und Nachteile und meine Meinung

Folie 4

- Vorteile: _____

_____

- Nachteile: _____

_____

- meine Meinung: _____

_____

1b **Ehrenamtlich arbeiten: Sprechen Sie über Vor- und Nachteile und Ihre Meinung.**

Beispiel   *Track 29*

Hören Sie ein Beispiel für Teil 4 einer Präsentation über ehrenamtliche Arbeit.

Jetzt Sie

Sprechen Sie jetzt selbst ca. 30-60 Sekunden. Sie können Ihre Notizen aus 1a benutzen. Ihr Partner / Ihre Partnerin hört zu.

Ein Vorteil / Nachteil von Ehrenämtern ist / könnte sein, dass ...

Einerseits / andererseits ...

Ich glaube / finde / denke / meine / bin der Meinung, dass ...

Meiner Meinung nach ...

Tipp:

– Üben Sie die Präsentation zu Hause vor dem Spiegel.
– Machen Sie eine Audio- oder Videoaufnahme.

1c **Geben Sie Ihrem Partner / Ihrer Partnerin eine Rückmeldung und stellen Sie eine oder zwei Fragen.**

Glaubst du wirklich, dass ...?

Hast du da persönliche Erfahrungen gemacht?

Was ist deine Meinung zu / über ...?

Tipp:

Schauen Sie sich auch noch einmal die Rückmeldungen auf Seite 37 und 53 an.

1d **Sie können jetzt schon drei Teile der Präsentation machen: Bereiten Sie auch Folie 2 und 3 zum Thema „Ehrenamt" vor.**

Folie 2: Ehrenamtlich arbeiten – _____

meine persönlichen Erfahrungen _____

Folie 3: Ehrenamtlich arbeiten – _____

Ehrenämter in meinem Heimatland _____

1a

Starke Adjektive! Finden Sie die Kombinationen.

Zucker | Haus | Messer | Hund | Bild | Eis | ~~Kilometer~~ | Tonne

Beispiel: sehr lang =   *kilometerlang*

1. sehr schwer = _____ n _____

2. sehr müde = _____ e _____

3. sehr scharf = _____

4. sehr süß = _____

5. sehr hoch = _____

6. sehr kalt = _____

7. sehr schön = _____

1b

Ergänzen Sie Adjektive aus 1a, wenn nötig, mit Endungen.

1. Ich war _____, als ich von der Arbeit nach Hause kam.

2. Cola trinke ich am liebsten _____.

3. Nadja ist wirklich eine _____ Frau.

4. Vorsicht, die Schere ist _____!

5. Dein Koffer ist ja _____, was ist denn da drin?

6. Gestern gab es einen _____ Stau nach einem Unfall.

7. Wenn ich mit meinem kleinen Neffen Memory spiele, gewinnt er immer _____.

2

Ergänzen Sie die Endungen.

A

Sie wollen ein moderner____ Auto,
ein schöner____ Haus, einen größer____ Garten?
Machen Sie mit beim **Giga-Gewinnspiel** –
dem best____ Gewinnspiel der Welt.
Mit nur 10 Euro sind Sie dabei!

B

Die neust____ Mode-Highlights und die
coolst____ Trends für Damen, Herren und Kinder.
Die tollst____ Looks in der best____ Qualität
zum günstigst____ Preis.
Glanz-Mode.

D

Die Bäcker von Stuttgart sind sauer!
Denn wir haben die frischer____
Brötchen, das kräftiger____ Brot und den
besser____ Kuchen.
Bäckerei Frisch – wir sind die Best____!

C

Nuda – die leckerst____ Nudeln aus
dem Berner Oberland! Mit den best____
Bioeiern von glücklich____ Hühnern.
Für Ihr kreativst____ Nudelgericht.

3a

Lesen Sie den Text und ergänzen Sie.

dass | obwohl | Trotzdem | denn | Aber | um | wie | Nachdem | Als | sondern | Seit | dadurch | und | Weil

Werbung früher und heute

Schon die alten Ägypter kannten Werbung, _____ sie nicht viel Ähnlichkeit mit der Werbung von heute hatte.

In Europa gab es ab dem Mittelalter „Marktschreier", die mit lauter Stimme ihre Dienste und Waren beschrieben. Schriftliche Werbung gab es nicht, _____ die meisten Leute konnten ja nicht lesen.

_____ man 1650 die erste Tageszeitung gegründet hatte, gab es neue Möglichkeiten. Viele Menschen lasen die Zeitung; _____ konnte man einzelne Produkte viel bekannter machen. _____ erst in der 2. Hälfte des 19. Jahrhunderts entstand die Werbung, _____ wir sie heute kennen. Jetzt versuchte die Werbung, bestimmte Teile der Bevölkerung zu erreichen. Ab ca. 1900 begannen einzelne Unternehmen, Werbung im größeren Stil zu machen. Die Werbung stellte jetzt nicht nur das Produkt vor, _____ sie wollte die Kunden auch überzeugen, _____ sie es unbedingt brauchen. Man konnte

den Beruf eines Werbefachmanns erlernen, _____ Künstler und Künstlerinnen gestalteten für die Werbung Texte und Bilder.

_____ in den 1950er Jahren das Fernsehen auch nach Deutschland kam, gab es die ersten TV-Werbespots. _____ es private Fernsehsender gibt, können die Firmen selbst entscheiden, bei welchem Programm sie Werbung machen wollen. Heute gibt es außerdem viel Online-Werbung. _____ fast alle Menschen Internet haben, kann man so viele Kunden erreichen. _____ sind die Marktschreier auf deutschen Märkten noch nicht ausgestorben – es gibt sogar Meisterschaften, _____ den besten und lautesten zu finden! Berühmt ist zum Beispiel „Wurst-Achim" (Joachim Pfaff), der 2013 deutscher Meister wurde.

3b

Lesen Sie den Text noch einmal und kreuzen Sie an: a, b oder c.

1. In diesem Text geht es um
   a. die Tricks der Werbeindustrie.
   b. die Geschichte der Werbung.
   c. bestimmte Werbespots im Fernsehen.

2. Die erste Werbung für ein größeres Publikum gab es
   a. in Zeitungen.
   b. im Kino.
   c. im Fernsehen.

3. Zu Beginn des 20. Jahrhunderts
   a. war Werbung noch nicht wichtig.
   b. machten vor allem Künstler Werbung für ihre Produkte.
   c. wurde die Werbung professioneller.

4. Internetwerbung hat eine große Wirkung, weil
   a. die meisten Leute einen Online-Zugang haben.
   b. fast niemand mehr fernsieht.
   c. die Kunden nur noch online kaufen.

5. Joachim Pfaff
   a. hat eine Meisterschaft für Wurstwerbung gewonnen.
   b. hat 2013 einen Preis für die beste Wurst bekommen.
   c. ist ein bekannter Marktschreier.

Alles tut weh. Finden Sie Wortkombinationen mit –schmerzen.

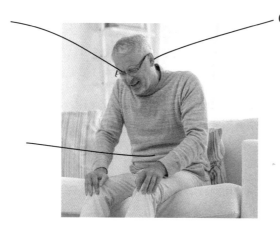

Ohrenschmerzen

 5a *Track 30*

Ordnen Sie den Dialog und hören Sie dann zur Kontrolle.

Hans: Dann gute Besserung. Und geh zum Arzt, wenn es nicht besser wird.

Hans: Ich denke, du hast die Grippe. Probier mal Grippex. Das hilft mir immer.

Hans: Du Armer! Deine Stimme klingt auch gar nicht gut. Hast du auch Fieber?

Hans: Hallo Kurt. Ich wollte dich an unser Treffen heute Abend erinnern.　　1

Hans: Nimmst du Medikamente?

Hans: Was ist denn los?

Kurt: Ich habe schlimme Kopfschmerzen und Halsschmerzen.

Kurt: Mach ich, danke.

Kurt: Grüß dich Hans. Ich kann heute leider nicht. Mir geht es nicht gut.

Kurt: Ja. Ich habe Lutschtabletten für den Hals und Kopfschmerztabletten
habe ich auch genommen.

Kurt: Ja, 38 Grad.

Kurt: Wirklich? Dann bitte ich Klara, dass sie mir Grippex aus der Apotheke holt.

Info:

arm / reich =
Man besitzt sehr wenig / sehr viel.
(Übung 7a)

Wir verwenden „arm" aber auch so:
Die arme Sonja hat Grippe!
Ach, du Armer!

 5b

Spielen Sie ähnliche Dialoge. ጸጸ

A: Mir geht es nicht so gut.

　Kopfschmerzen / Grippe / Bauchschmerzen / …

　Ja / Nein, ich …

B: Was ist denn los? / Was hast du denn?

　Du Arme(r)! / Du Ärmste(r)!

　Warst du beim Arzt? Nimmst du etwas dagegen?

　Gute Besserung!

Track 31

Ein Gespräch beim Arzt. Welche Sätze hören Sie? Markieren Sie.

Wie geht es Ihnen? | Was fehlt Ihnen denn? | Haben Sie Schmerzen? |
Dann möchte ich zuerst Ihre Temperatur messen. | Nehmen Sie Medikamente? |
Nehmen Sie Grippex? | Hier ist das Rezept. | Ich gebe Ihnen Tabletten. |
Es dauert eine Woche. | Brauchen Sie eine Arbeitsunfähigkeitsbescheinigung? |
Gute Besserung!

Info:

die Arbeitsunfähigkeitsbescheinigung, -en:
In Deutschland müssen Sie dieses Formular
Ihrem Arbeitgeber geben, wenn Sie länger als
drei Tage krank sind.

Was bedeutet das Gleiche? Verbinden Sie.

1. Was fehlt Ihnen?

2. Ich messe Ihre Temperatur.

3. Machen Sie bitte den Oberkörper frei.

4. Bitte die Luft anhalten.

5. Ich verschreibe Ihnen etwas.

6. Ich schreibe Sie krank.

a. Ich gebe Ihnen ein Rezept für die Apotheke.

b. Ich gebe Ihnen eine Arbeitsunfähigkeitsbescheinigung.

c. Was für ein gesundheitliches Problem haben Sie?

d. Ich kontrolliere, ob Sie Fieber haben.

e. Bitte nicht atmen.

f. Ziehen Sie bitte Ihr Hemd aus.

Verneinen Sie die Sätze mit „nicht" oder „kein".

Beispiele: Kurt fühlt sich gut.   *Kurt fühlt sich nicht gut.*
       Er hat Grippemedikamente im Haus.   *Er hat keine Grippemedikamente im Haus.*

1. Kurt weiß, was ihm fehlt.

2. Aber er kann sich mit Hans treffen.

3. Die Lutschtabletten helfen besonders gut.

4. Weil es besser wird, muss Kurt zum Arzt.

5. Kurt hat Lust, im Bett zu bleiben.

6. Aber der Arzt empfiehlt ihm, ins Büro zu gehen.

7. Zum Glück hat Kurt extrem hohes Fieber.

7a

Lesen Sie den Text und markieren Sie alle Passivformen.

Recycling und Upcycling sind nicht das Gleiche

Recycling gibt es schon lange. Es bedeutet, dass vor allem Glas, Papier, Plastik und Metall getrennt gesammelt werden.
Dann werden die Materialien bearbeitet. Aus Papier wird wieder Papier, aus Plastik wird wieder Plastik hergestellt.
Beim Upcycling werden aus alten Gegenständen neue gemacht. Auch das ist nichts Neues. Früher hat man viele alte Dinge
wiederverwendet. In ärmeren Ländern werden auch heute noch aus alten Materialien neue Produkte gestaltet. Aber auch
in unserer „Wegwerfgesellschaft" kommt Upcycling immer mehr in Mode. So entstehen zum Beispiel aus alten Kisten oder
Flaschen neue Möbel. Vor allem in der Mode hat man die kreativen Möglichkeiten des Upcycling entdeckt. Aus einem alten
Kleid wird z. B. eine Bluse und aus alten Autoreifen eine Tasche produziert.

7b

Schreiben Sie die Passivformen aus 7a in die Tabelle.

3. Person Singular	3. Person Plural
wird hergestellt	werden gesammelt

Info:

Das Passiv braucht man vor allem, um einen Vorgang zu beschreiben.

8a

Schreiben Sie das Rezept im Passiv.

Bananenpfannkuchen

1 weiche Banane mit 2 Eiern und 40 ml Milch gut mischen.
1 Messerspitze Salz und 2 Teelöffel Honig zugeben.
Für einen Pfannkuchen 3 Löffel der Mischung in Butter braten. Pfannkuchen mit Schoko- oder Nusscreme essen.

Zuerst wird eine weiche Banane mit _____

8b

Schreiben Sie selbst ein kurzes Rezept im Infinitiv wie in 8a.

8c

Ihr Partner / Ihre Partnerin und Sie tauschen Ihre Rezepte. Schreiben Sie das neue Rezept im Passiv.

9a 🔊 *Track 32*

Hören Sie das Interview. Was für ein Unternehmen leitet Herr Lupp? Kreuzen Sie an.

☐ ein Geschäft für Upcycling-Produkte ☐ ein Pfannkuchenrestaurant ☐ eine Naturapotheke

Ergänzen Sie den Zeitungsbericht über *LuppCycling* im Passiv Präteritum.

produzieren | geben | gründen | gestalten | vergrößern

LuppCycling – das Schmuckstück in der Gerbergasse

Das kleine, innovative Unternehmen _____ im Jahr 2014 _____. Zuerst _____ aus alten Kleidern Upcycling-Mode _____. 2016 _____ das Angebot _____; inzwischen bekommt man hier auch Möbel. Auch die Möbel sind Upcycling-Produkte: Alten Stücken _____ ein neuer Look und oft auch eine neue Funktion _____. 2017 zog die Firma in neue Räume um, die liebevoll im Stil von LuppCycling _____ _____.

Hören Sie noch einmal und ergänzen Sie die Sätze aus dem Interview. Vergleichen Sie noch einmal mit dem Zeitungstext.

1. Wir _____ unser Unternehmen 2014 _____.

2. 2016 _____ wir das Angebot _____.

3. Wir _____ ihnen ein ganz neues Gesicht und oft auch eine neue Funktion.

Info:

Das Passiv verwendet man auch, um keine Personen nennen zu müssen.

10 🔊 *Track 33*

Richtig schreiben: Hören und ergänzen Sie.

1. die Kla___e

2. der Rasiera___arat

3. das Waschmi___el

4. die Gri___e

5. auffa___en

6. herste___en

7. die Lutschtable___e

8. scha___en

9. tre___en

10. das Geste___

11. der Glücksfa___

12. wa___erdicht

11

Lesen Sie den Infotext des Recyclingcenters. Kreuzen Sie an: a, b oder c.

WERTSTOFF-CENTER BOCHUM-MITTE

Von Montag bis Samstag können Sie von 8.00 bis 12.00 Uhr und von 16.00 bis 20.00 Uhr Abfälle bei uns abgeben.

DAS NEHMEN WIR AN:

kostenlos (haushaltsübliche Mengen): Altglas, Altkleider, Batterien, CDs/DVDs, Elektrokleingeräte, Metalle, Möbel, Papier, Plastik

kostenpflichtig: Baumaterial, größere Elektrogeräte wie z. B. Kühlschränke, Waschmaschinen etc.

DAS NEHMEN WIR NICHT AN:

Gasflaschen, Motoren, Autoreifen, Medikamente und Chemikalien (Sondermüll)

1. Müll kann an folgenden Tagen abgegeben werden:
   a. jeden Tag.
   b. nur am Wochenende.
   c. nur an Wochentagen.

2. Wenn Sie Abfall bringen, müssen Sie
   a. nichts bezahlen.
   b. für manche Sachen bezahlen.
   c. immer bezahlen.

3. Ins Abfallcenter kann man
   a. alles bringen.
   b. nur große Abfälle bringen.
   c. keine alten Reifen bringen.

4. Kaputte elektrische Zahnbürsten werden
   a. gratis angenommen.
   b. gegen Bezahlung angenommen.
   c. nicht angenommen.

1a

Was ist das? Schreiben Sie.

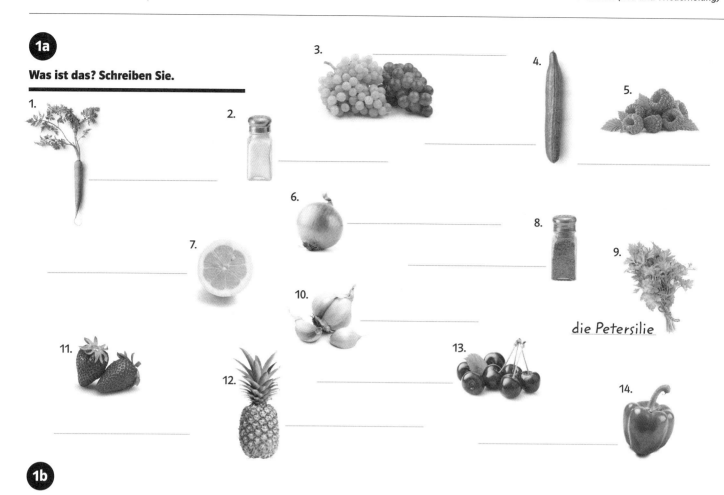

1.

2.

3. _____

4.

5.

6.

7.

8.

9. _die Petersilie_

10.

11.

12.

13.

14.

1b

Sortieren Sie die Wörter aus 1a. Was kennen Sie außerdem noch? Sammeln Sie zu zweit.

Obst	Gemüse	Kräuter und Gewürze
die Erdbeere	die Gurke	die Petersilie
die Birne		der Rosmarin

1c

Lebensmittel raten. Beschreiben Sie. Ihr Partner / Ihrer Partnerin rät.

A: Es ist rot / rund / hart / weich / gesund / saftig / knackig …

Es schmeckt süß / sauer / salzig / scharf / …

Es kommt aus … oder aus …

Man macht damit …

B: Ist das eine Kirsche? / Sind das Himbeeren?

2a

Currywurst ist in ganz Deutschland beliebt. Woher kommt sie? Was ist drin? Sprechen Sie in der Gruppe.

A: Currywurst ist bestimmt ein deutsches Rezept.
Wurst ist doch typisch deutsch, oder?

B: Ja, aber Curry?
Ist das nicht ein scharfes Gewürz?

C: Ja, stimmt …
Vielleicht kommt sie aus …?

Das ist möglich / nicht sehr wahrscheinlich / …
Oder sie könnte …

Enthält Currywurst eigentlich …?

Sicher nicht. Ich glaube …

 2b

Lesen Sie und kreuzen Sie an: a, b oder c.

Die Currywurst – Fast Food made in Germany

Es war wenig los am verregneten Abend des 4. September 1949. Herta Heuwer stand in ihrem alten Imbissstand an der Ecke Kantstraße / Kaiser-Friedrich-Straße im Berliner Stadtteil Charlottenburg. Weil an diesem Abend so wenige Kunden kamen, hatte die Imbissbesitzerin Langeweile. Da hatte sie die Idee, etwas Neues zu versuchen. Sie mischte Tomatensoße mit Paprika und anderen Gewürzen. Diese leckere Soße goss sie über eine in Stücke geschnittene Bratwurst. Das war die Geburtsstunde der Currywurst! Ihren Imbissstand nannte die Berliner Geschäftsfrau dann „1. Currywurst-Braterei der Welt".

Das genaue Rezept blieb Herta Heuwers Geheimnis. Aber ihre Idee verbreitete sich schnell in ganz Deutschland. Heute werden hier rund 850 Millionen Currywürste im Jahr gegessen. Viele Imbisse bieten ihre eigenen Wurst- und Soßenvarianten an, z.B. die beliebte Kette „Best Worscht" in Frankfurt, die als Geheimtipp gilt. Als Fertiggericht wird die Wurst auch in Supermärkten verkauft.

Die Currywurst ist in Deutschland so berühmt, dass es bis Ende 2018 sogar ein Berliner Museum nur für diese Spezialität gab. Und von dem bekannten Sänger Herbert Grönemeyer gibt es ein Lied über die Currywurst.

Aber auch im Ausland ist sie bekannt und wird z.B. in London, Paris oder New York als deutsche Delikatesse angeboten.

1. Herta Heuwer
   a. bekam die Idee für die Currywurst von einem Kunden.
   b. hatte eine spontane Idee für eine neue Soße.
   c. verkaufte Tomaten und Paprika an ihrem Stand.

2. Herta Heuwer
   a. servierte die Wurst mit ihrer neuen Soße darüber.
   b. arbeitete mit einer Berliner Geschäftsfrau zusammen.
   c. eröffnete in Berlin das erste Currywurst-Restaurant.

3. Das Rezept für die Currywurst
   a. war bald in ganz Deutschland verbreitet.
   b. bekamen nur Berliner Imbisse und Restaurants.
   c. sagte Herta Heuwer niemandem.

4. Das Currywurst-Museum
   a. wurde 2018 in Berlin eröffnet.
   b. ist ein Museum für internationale Spezialitäten.
   c. wurde inzwischen geschlossen.

5. Wenn man eine Currywurst essen will,
   a. kann man das auch in einigen anderen Ländern tun.
   b. sollte man in den Supermarkt gehen.
   c. muss man zu „Best Worscht" in Frankfurt.

2c

Welche Funktion hat „werden" in den Sätzen? Kreuzen Sie an.

	Futur	Passiv	Vollverb
1. Herta Heuwer muss gedacht haben: Die Soße wird lecker!	☐	☐	☐
2. Die Currywurst wurde schnell berühmt.	☐	☐	☐
3. Aber das Originalrezept wird ein Geheimnis bleiben.	☐	☐	☐
4. Die Currywurst wird nicht nur in Berlin gern gegessen.	☐	☐	☐
5. Die Imbisskette „Best Worscht" wurde in Frankfurt gegründet.	☐	☐	☐

2d 🔊 *Track 34*

Passiv oder Futur? Formulieren Sie passende Antworten. Hören Sie dann zur Kontrolle.

Beispiele:

Gibt es hier nur deutsches Essen? (auch internationale Spezialitäten anbieten)

Nein, hier *werden auch internationale Spezialitäten angeboten.*

Warum sagst du, dass das deine letzte Currywurst ist? (kein Fleisch mehr essen)

Weil ich in Zukunft *kein Fleisch mehr essen werde.*

1. Wenn man Currywurst macht, bleibt die Wurst dann ganz? (in Stücke schneiden)

Nein, sie _____

2. Was für Pläne haben Solveig und Frido? (in drei Wochen einen Imbiss eröffnen)

Sie _____

3. Und welche Pläne hast du? (immer bei Solveig und Frido essen)

Ich _____

4. „Deutsche" Spezialitäten im Ausland sind manchmal ein bisschen seltsam, oder? (in Australien mit Sauerkraut anbieten)

Ja, Schnitzel zum Beispiel _____

5. Hast du Lust, das Currywurst-Museum zu besuchen? (2018 schließen)

Das geht leider nicht, es _____

3

Richtig schreiben: Was finden Sie schwierig? Wählen Sie eine Übung, hören und ergänzen Sie.

1. b oder w? *Track 35*

___erner ___undert sich, dass ich mich für eine ___eiter___ildung ___e___er___en ___ill. „___arum denn, ___oris, du ___ist doch ___ald sechzig?", fragt er. A___er ich ___ill ___ieder ar___eiten, ___enigstens ein paar Tage in der ___oche. Mein Le___en ist noch nicht vor___ei.

2. r oder l? 🔊 *Track 36*

___isa, b___ingst du bitte vom Ma___kt ein Kilo Ka___toffe___n und fünfhundert G___amm Ka___otten mit? Haben wir noch Pap___ika und Knob___auch zu Hause? Ich möchte ein ___ecke___es Ge___icht mit ___insen kochen, schön scha___f gewü___zt mit Cu___y. Und zum Dessert gibt es Heide___bee___en mit g___iechischem Joghu___t.

3. ch oder sch? 🔊 *Track 37*

Hier,   aut mal, ein Foto von eu   drei Mäd   en im   nee. Ist das ni   t   ön? Das Li   t und
die Land   aft in den   weizer Bergen sind e   t fantasti   . U   i, es war ni   t lei   t, di
zum Lä   eln zu bringen. Du hattest   lechte Laune, und du wolltest, dass ich das Foto lö   e, erinnerst du di   ?
Das wäre wirkli   ade gewesen.

4. e, i / ie, ö oder ü? 🔊 *Track 38*

H   r mal, L   bl   ng, b   st du m   r   mm   r noch b   s   ? Weil   ch g   st   rn fr   h
v   rg   ssen hab   , Frau M   ll   r von d   r zu gr   ßen? Das   st doch n   cht so schl   mm.
Das st   rt s   best   mmt   b   rhaupt n   cht, s   k   nnt d   ch doch und weiß, dass du n
unh   fl   ch b   st. Komm, g   b m   r ein K   ssch   n.

4a **P**

Sie halten eine Präsentation über Tourismus. Kürzen Sie die Sätze zu Stichwörtern und schreiben Sie sie zu Folie 1 oder 5.

Dann berichte ich von der Situation in meinem Heimatland. | Ich möchte das Thema „Tourismus weltweit" präsentieren. |
Abschließend / Zum Schluss werde ich noch etwas zu … sagen. | Ich beantworte jetzt gern noch Fragen. | Schließlich werde ich über
die Vor- und Nachteile sprechen und meine Meinung sagen. | Danach komme ich zu meinen persönlichen Erfahrungen und werde
einige Beispiele nennen. | Ich bedanke mich für Ihre Aufmerksamkeit. | Zuerst möchte ich auf die Situation allgemein eingehen.

Stellen Sie Ihr Thema vor: Erklären Sie den Inhalt und die Struktur Ihrer Präsentation.	Tourismus weltweit Folie 1	- Thema: Tourismus weltweit - Situation allgemein
Berichten Sie von Ihrer Situation oder einem Erlebnis im Zusammenhang mit dem Thema.	Folie 2 – Tourismus weltweit Meine persönlichen Erfahrungen	
Berichten Sie von der Situation in Ihrem Heimatland.	Folie 3 – Tourismus weltweit Tourismus in meinem Heimatland	
Nennen Sie Vor- und Nachteile und sagen Sie dazu Ihre Meinung. Geben Sie auch Beispiele.	Folie 4 – Tourismus weltweit Vor- und Nachteile von Tourismus und meine Meinung	
Beenden Sie Ihre Präsentation und bedanken Sie sich bei den Zuhörern.	Abschluss und Dank Tourismus weltweit Folie 5	- Dank für Aufmerksamkeit

Lesen Sie die Sätze. Wenn Sie etwas davon für Ihre Präsentation verwenden möchten, schreiben Sie Stichwörter zur jeweiligen Folie wie in 4a. Ergänzen Sie aber auch eigene Ideen.

Folie 2: Ich persönlich habe bisher nur positive / negative Erfahrungen gemacht.

Ich selbst war noch nicht in vielen Ländern, aber Reisen macht mir viel Spaß, und ich lerne gern neue Sprachen.

Als ich in … war, habe ich etwas Interessantes erlebt: …

Berichten Sie von Ihrer Situation oder einem Erlebnis im Zusammenhang mit dem Thema.

Folie 3: In meinem Heimatland gibt es viele / nicht so viele Touristen.

In meiner Heimatstadt zum Beispiel gibt es viele interessante Sehenswürdigkeiten.

Die Leute bei uns freuen sich, wenn Reisende kommen, sie mögen Gäste.

Die Reisenden sind für unsere Wirtschaft wichtig. Viele von uns arbeiten im Tourismus.

Berichten Sie von der Situation in Ihrem Heimatland.

Tourismus weltweit

Tourismus in meinem Heimatland

Folie 3

Folie 4: Wenn der weltweite Tourismus zunimmt, nimmt auch die Zerstörung der Umwelt / Landschaft / Natur zu.

Andererseits sind die interkulturellen Kontakte ein Vorteil, und dass die Menschen auf der Welt sich besser kennenlernen.

Meine persönliche Meinung ist, dass man so ökologisch wie möglich reisen soll.

Nennen Sie Vor- und Nachteile und sagen Sie dazu Ihre Meinung. Geben Sie auch Beispiele.

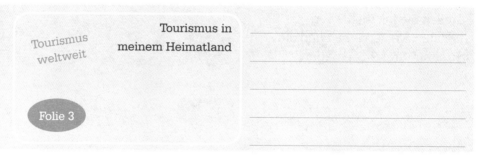

Halten Sie jetzt Ihre Präsentation nach den Folien 1 bis 5. Ihr Partner / Ihre Partnerin hört zu und stellt dann noch Fragen.

Danke, das war wirklich interessant / spannend / informativ / ...
Ich würde gern noch wissen, was / warum / wo / ob / ...
Kannst du mir noch etwas über ... sagen?
Darf ich fragen, wann / wer / wie viele ...?

Ingo ist immer „gut" informiert. Ergänzen Sie irgendwie, irgendwo, irgendwas, irgendwer, irgendwann.

_____ hat mir empfohlen, im Winter keine Erdbeeren zu kaufen – wer war das nur? Silke? Oder Ben?

Ach nein, Kalle hat mir das _____ gesagt, letzte Woche oder so. Ich kann mich aber nicht genau erinnern,

warum ... Ich glaube, das soll _____ schlecht für die Umwelt sein. Aber warum? Wegen der langen

Strecke vielleicht? Na egal, auf jeden Fall muss ich _____ fürs Dessert kaufen. Aber keine Erdbeeren.

Kirschen eventuell? Das ist jetzt im Januar auch nicht so leicht, aber _____ habe ich welche gesehen. Könnte

bei Gemüse-Hofmann in der Langgasse gewesen sein. Oder bei Schmidt? _____ hat bestimmt welche.

Erdbeeren im Winter oder Obst der Saison? Lesen Sie den Kommentar und schreiben Sie Ihre eigene Meinung.

Prinzessin Lea 02.12., 22:00	Ich finde es einfach super, dass wir das ganze Jahr über alles kaufen können, worauf wir Lust haben. Einen Winter ohne frische Erdbeeren könnte ich mir nicht vorstellen. Ich bin auch gern bereit, mehr zu bezahlen.

_____

_____

_____

Was für Wünsche und Pläne haben Sie jetzt am Ende von B1? Sprechen Sie in der Gruppe.

A: Hat dir / euch das Deutschlernen Spaß gemacht?
  Wie geht es bei dir / euch jetzt weiter?
  Hast du / Habt ihr Pläne?   B: Ja, ich möchte irgendwann ...   C: Ich werde auf jeden Fall ...
                          Und du / ihr?

  Ich plane, nächstes Jahr ... zu ...   Oh, das würde ich auch gern machen!
                      Vielleicht kann ich irgendwo ...

Lesen

 1 **Lesen Sie den Text aus der Zeitung und die Aufgaben 1 bis 3 dazu. Wählen Sie bei jeder Aufgabe die richtige Lösung: a , b oder c .**

Strategie:

1. Überschrift genau lesen.
2. Aufgabe lesen und Schlüsselwörter markieren.
3. Passenden Abschnitt suchen und genau lesen.

Tipp:

– Die erste Aufgabe fragt immer nach dem Gesamtthema des Texts. Besonders wichtig hierfür sind die Überschrift und der Anfang, den restlichen Text können Sie überfliegen (= sehr schnell lesen).
– Denken Sie nicht lang über unbekannte Wörter nach!
– In diesem Prüfungsteil bekommen Sie zwei solcher Texte mit jeweils drei Aufgaben. Insgesamt haben Sie 20 Minuten Zeit.

Umfrage „Wie gesund lebt Deutschland?" zeigt schockierende Zahlen: Gesundheitszustand der Deutschen sehr schlecht

Die meisten Deutschen glauben, dass sie ein gesundes Leben führen – aber nur wenige tun das tatsächlich.

Das größte Problem ist zu wenig Bewegung. Weniger als die Hälfte der Deutschen ist körperlich aktiv. Erwachsene sollten pro Woche mindestens 150 Minuten leichten Sport (z.B. schnelles Gehen) oder 75 Minuten anstrengenderen Sport (z.B. Joggen) machen. Allerdings tun das nur 43 %. Und nicht nur in der Freizeit bewegen sich die Deutschen zu wenig; sie gehen z.B. nicht häufig genug zu Fuß oder fahren lieber mit dem Auto als mit dem Fahrrad, um von A nach B zu kommen.

Dafür sind die Deutschen ein Volk der „Vielsitzer". Im Durchschnitt sitzen sie fast acht Stunden täglich – bei der Arbeit, aber auch vor dem Fernseher, am Heimcomputer oder im Auto.

Aber es gibt auch positive Nachrichten: In Deutschland gibt es immer mehr Nichtraucher. Nur noch 21 % greifen zur Zigarette. Und immerhin 82 % geben an, nicht oder nur ab und zu Alkohol zu trinken. Besonders bei jungen Leuten wird der Griff zur Flasche seltener. Trotzdem hat Deutschland im Vergleich zu anderen Ländern immer noch einen hohen Pro-Kopf-Alkoholkonsum.

Beispiel

0. Die Zahl der Deutschen, die nicht rauchen,

    a wird immer größer.
    ☒ wird immer kleiner.
    c bleibt gleich.

Jetzt Sie

1. In diesem Text geht es um

    a die beliebtesten Sportarten der Deutschen.
    b die Lebensgewohnheiten der Deutschen.
    c die Krankheiten der Deutschen.

2. Die Deutschen sitzen pro Tag durchschnittlich

    a ca. acht Stunden bei der Arbeit.
    b ca. acht Stunden vor dem Fernseher.
    c ca. acht Stunden insgesamt.

3. Laut Umfrage trinken rund 80 % der Deutschen

    a regelmäßig Alkohol.
    b keinen Alkohol.
    c wenig oder gar keinen Alkohol.

Checkliste fürs Lesen

1. Ich kann das Hauptthema eines Texts erkennen und die wichtigen Informationen finden. ☐
2. Ich denke nicht lang über unbekannte Wörter nach. Ich lese einfach weiter. ☐
3. Ich habe viele Texte gelesen, z.B. Zeitungsartikel, Blogs, Forumsbeiträge, Anzeigen, Broschüren. ☐
4. Ich erkenne, ob jemand für oder gegen etwas ist. ☐

Hören

① **Sie hören ein Gespräch. Sie hören das Gespräch einmal. Dazu lösen Sie sieben Aufgaben.**

Wählen Sie: Sind die Aussagen richtig oder falsch ?

Lesen Sie die Aufgaben 1 bis 7. Dazu haben Sie 60 Sekunden Zeit.

Strategie:	Tipp:
1. Situationsbeschreibung lesen.	– Das Gespräch ist immer zwischen zwei Personen, die sich über Alltagsthemen und persönliche Erlebnisse unterhalten.
2. Aussagen lesen, Schlüsselwörter markieren.	– Lesen Sie die Aufgaben genau, dadurch bekommen Sie schon viele Informationen.
3. Hören und sofort ankreuzen. (Reihenfolge der Aussagen ist wie im Text.)	– Kreuzen Sie immer sofort eine Antwort an, auch wenn Sie nicht sicher sind, denn Sie hören das Gespräch nur einmal.

Sie sitzen im Bus und hören ein Gespräch zwischen einer jungen Frau und einem jungen Mann.

Beispiel *Track 39*

0. Conny und Bernd haben sich vorgestern getroffen.   ~~richtig~~   falsch

Sie hören:
Hey, Bernd! Dich hab ich ja lang nicht mehr gesehen!

Jetzt Sie *Track 40*

1. Bernd hat eine Sprachprüfung gemacht.   richtig   falsch

2. Conny macht in sechs Monaten auch eine Prüfung.   richtig   falsch

3. Bernd kennt sich gut mit dem Thema Freiwilligenarbeit aus.   richtig   falsch

4. Bernd hatte in der Prüfung das Gefühl, sehr lange gesprochen zu haben.   richtig   falsch

5. Conny muss in Costa Rica nichts für Übernachtungen bezahlen.   richtig   falsch

6. Conny ist die einzige freiwillige Helferin auf dem Bauernhof.   richtig   falsch

7. Bernd überlegt, vielleicht in Neuseeland Freiwilligenarbeit zu machen.   richtig   falsch

Checkliste fürs Hören

1. Ich verstehe kurze Durchsagen und Nachrichten. ☐
2. Ich kann Vorträgen, Diskussionen und Gesprächen folgen. ☐
3. Ich höre Texte bis zum Schluss. ☐
4. Ich lasse mich nicht aus der Ruhe bringen, wenn ich manche Wörter nicht verstehe. ☐
5. Ich habe die Hörtexte im Kursbuch und im Prüfungstrainer noch einmal gehört. ☐

Schreiben

1   **Die eigene Meinung ausdrücken und begründen. Sammeln und wiederholen Sie die Möglichkeiten.**

Meiner Meinung nach … / Ich finde … / _____

…, weil … / Deshalb … / _____

2   **Schreiben Sie Ihre Meinung zu einem Thema (circa 80 Wörter). Dazu haben Sie ungefähr 25 Minuten Zeit.**

Strategie:	Tipp:

1. Thema genau lesen.
2. Vor dem Schreiben:
   Vor- und Nachteile sammeln.
3. Eigene Meinung schreiben:
   Ich-Form benutzen, Gründe
   nennen, Sätze sinnvoll verbinden.
	– Der vorgegebene Beitrag im Forum oder Gästebuch ist nur ein Beispiel und soll Ihnen helfen. Sie müssen nicht darauf antworten.
	– Schreiben Sie frei Ihre eigene Meinung. Nennen Sie Gründe, Vor- und Nachteile.
	– Wer eine Meinung hat, findet manche Vorteile wichtiger als die Nachteile (oder umgekehrt). Das kann man leicht mit diesen Wörtern ausdrücken: aber, obwohl, trotzdem, auch wenn. Sehen Sie sich den Beispieltext an.

Sie haben im Fernsehen eine Diskussionssendung zum Thema „Wie wichtig ist für Sie gesunde Ernährung?" gesehen.
Im Online-Gästebuch der Sendung finden Sie folgende Meinung.

Turbo100
19.04.,
22:00

Ich denke, dass ich ziemlich gesund lebe, denn ich rauche nicht und trinke auch keinen Alkohol. Aber das Thema Ernährung sehe ich nicht so eng. Ich finde, Essen muss vor allem schmecken. Auch wenn zu viel Fett, Zucker und Salz natürlich schlecht für die Gesundheit sind, fürs Herz zum Beispiel, bin ich trotzdem überzeugt, dass Spaß am Essen gesünder ist als so ein trauriger Gemüseteller. Pommes frites, Hamburger, Pizza und Schokolade schmecken mir einfach viel besser. Diese Dinge erlaube ich mir und gehe dann lieber länger joggen.

Schreiben Sie nun Ihre Meinung.

_____

_____

_____

_____

Checkliste fürs Schreiben

1. Man kann meine Schrift gut lesen. ☐
2. Ich habe Groß- und Kleinschreibung beachtet. ☐

E-Mails:

3. Ich habe zu allen Punkten etwas geschrieben. ☐
4. Anrede, Gruß, Du- und Sie-Form passen. ☐
5. Ich habe einen Einleitungs- und Schlusssatz geschrieben. ☐
6. Ich habe mit meinem Namen unterschrieben. ☐

Forumsbeiträge:

7. Ich habe Gründe, Vor- und Nachteile genannt. ☐
8. Ich habe die Sätze sinnvoll verbunden. ☐

Sprechen

Tipp:

Sehen Sie sich noch einmal
Übung 4a und 4b auf Seite
79/80 an. Dort finden Sie
Ideen zu den Folien 1 und 5.

1a **Ein Thema präsentieren: Regionale oder ausländische Lebensmittel? Machen Sie Notizen.**

Hier sehen die das komplette Arbeitsblatt mit den fünf Folien.
In Teil 1 sollen Sie einen Überblick über Ihre Präsentation geben, eine Art Vorschau.
In Teil 5 sollen Sie die Präsentation beenden und sich bedanken.

Stellen Sie Ihr Thema vor:
Erklären Sie den Inhalt
und die Struktur Ihrer
Präsentation.

Regionale oder
ausländische
Lebensmittel?

Folie 1

Berichten Sie von Ihrer
Situation oder einem
Erlebnis im Zusammenhang
mit dem Thema.

Regionale oder
ausländische
Lebensmittel?

Meine
persönlichen
Erfahrungen

Folie 2

Berichten Sie von der
Situation in Ihrem Heimatland.

Regionale oder
ausländische
Lebensmittel?

Was kauft man
in meinem
Heimatland?

Folie 3

Nennen Sie Vor- und Nach-
teile und sagen Sie dazu
Ihre Meinung. Geben Sie
auch Beispiele.

Regionale oder
ausländische
Lebensmittel?

Vor- und
Nachteile
und meine
Meinung

Folie 4

Beenden Sie Ihre Präsentation und bedanken Sie sich
bei den Zuhörern.

Regionale oder
ausländische
Lebensmittel?

Abschluss
und Dank

Folie 5

1b **Hören Sie ein Beispiel. Achten Sie darauf, was zu welcher Folie gesagt wird.** *Track 41*

1c **Halten Sie jetzt die komplette Präsentation. Ihre Gruppe hört zu, gibt dann Rückmeldung und stellt Fragen.**

Checkliste fürs Sprechen

1. Ich spreche laut und deutlich und sehe mein Publikum an. ☐
2. Ich spreche frei und denke nicht zu viel an die Grammatik. ☐
3. Ich kann kurz etwas über mich selbst sagen. ☐
4. Ich kann Vorschläge machen und auf Vorschläge reagieren. ☐
5. Ich kann meine Meinung ausdrücken und begründen. ☐
6. Ich kann eine Präsentation einleiten und beenden. ☐

Modelltest

Die Prüfung „Goethe- / ÖSD-Zertifikat B1"

Das sind die Teile der Prüfung:

Prüfungsteil	Aufgabe	Was machen Sie?	Zeit	Punkte
Lesen				
Teil 1	Blog oder E-Mail lesen	Sie lesen einen Blog oder eine E-Mail und Aussagen dazu. Sie entscheiden: Sind die Aussagen richtig oder falsch?		6
Teil 2	Zeitungsartikel lesen	Sie lesen zwei Zeitungsartikel und Aussagen. Sie entscheiden: Ist a, b oder c richtig?		6
Teil 3	Anzeigen lesen	Sie lesen Situationen und Kleinanzeigen. Sie ordnen zu: Welche Anzeige passt zu welcher Situation? Zu einer Situation passt gar keine Anzeige!	65 min	7
Teil 4	Kommentare / Meinungen lesen	Sie lesen eine Aufgabe und Kommentare von Personen zu einem Thema. Sie entscheiden bei jeder Person: Ist sie dafür (ja) oder dagegen (nein)?		7
Teil 5	Gebrauchsanweisung o. Ä. lesen	Sie lesen eine Gebrauchsanweisung o. Ä. und Aussagen. Sie entscheiden: Ist a, b oder c richtig?		4
Hören				
Teil 1	Durchsagen, Nachrichten auf der Mailbox etc. hören	Sie hören Durchsagen / Nachrichten und lesen zu jeder zwei Aussagen. Sie entscheiden bei der ersten Aussage: Ist sie richtig oder falsch? Sie entscheiden bei der zweiten Aussage: Ist a, b oder c richtig?		10
Teil 2	als Zuhörer einen Vortrag o. Ä. verstehen	Sie hören einen Vortrag o. Ä. und lesen Aussagen. Sie entscheiden: Ist a, b oder c richtig?		5
Teil 3	ein Gespräch verstehen	Sie hören ein Gespräch zwischen Muttersprachlern und lesen Aussagen. Sie entscheiden: Sind die Aussagen richtig oder falsch?	40 min	7
Teil 4	ein Interview / Gespräch im Radio verstehen	Sie hören eine Radiosendung, in der zwei Personen und ein Moderator sprechen. Sie lesen Aussagen und ordnen zu: Welche Person sagt das?		8
Schreiben				
Teil 1	eine E-Mail an einen Freund o. Ä. schreiben	Sie lesen eine Situation und eine Aufgabe und schreiben eine E-Mail.		40
Teil 2	einen Kommentar / die eigene Meinung schreiben	Sie lesen eine Situation und einen Kommentar zu einem Artikel o. Ä. Sie lesen die Aufgabe und schreiben einen Text (Kommentar) mit Ihrer eigenen Meinung.	60 min	40
Teil 3	eine halbformelle E-Mail schreiben	Sie lesen eine Situation und eine Aufgabe und schreiben eine E-Mail.		20
Sprechen				
Teil 1	gemeinsam etwas planen	Sie lesen eine Aufgabe und sprechen mit Ihrem Partner / Ihrer Partnerin.		28
Teil 2	einen kurzen Vortrag halten	Sie bekommen zwei Themen zur Auswahl. Sie wählen ein Thema und halten einen kurzen Vortrag. Die Folien und Überschriften in der Aufgabe helfen Ihnen.	15 min	40
Teil 3	Fragen zum Vortrag stellen / beantworten	Sie stellen Ihrem Partner / Ihrer Partnerin Fragen zu seinem / ihrem Vortrag und Sie beantworten Fragen zu Ihrem eigenen Vortrag.		16

Am Ende müssen Sie alle Lösungen auf den Antwortbogen übertragen. Sie kreuzen auf dem Antwortbogen die Lösung an oder schreiben die Texte auf den Antwortbogen.

Beim Sprechen können Sie noch max. 16 Punkte für die Aussprache bekommen.

Lesen

Lesen, Teil 1

Lesen Sie den Text und die Aufgaben 1 bis 6 dazu. Wählen Sie: Sind die Aussagen Richtig **oder** Falsch **?**

Liebe Judith,

endlich habe ich mal wieder Zeit, dir zu schreiben. Wie geht es dir? Wie gefällt dir deine neue Stelle? Ich hoffe, es ist alles so, wie du es dir wünschst!

Bei mir war in letzter Zeit einiges los, deshalb hatte ich leider auch keine Zeit, mich bei dir zu melden. Du weißt ja, dass meine Schwester Liane umgezogen ist, sie wohnt jetzt ganz in der Nähe von mir und nicht mehr drei Autostunden entfernt wie früher. Den Umzug hat sie von einer Firma machen lassen und das war auch alles super. Aber direkt nach dem Umzug hat es einige Probleme gegeben: Erst war ihre Waschmaschine kaputt und sie kann sich im Moment keine neue leisten. Also kam sie zweimal die Woche zu mir zum Waschen. Dann hatte sie neue Möbel gekauft und konnte sie nicht aufbauen – sie kann leider nicht so gut mit Werkzeug umgehen. Also habe ich die Möbel aufgebaut und mir dabei leider an der rechten Hand ziemlich wehgetan. Beim Arzt habe ich Schmerztabletten und einen dicken Verband bekommen und konnte deshalb eine Woche nicht schreiben, weder am Computer noch mit der Hand. Das war ziemlich blöd, weil ich nicht einmal Einkaufszettel schreiben konnte. Na ja, ich dachte natürlich, dann kann meine Schwester mir helfen – aber die hatte dann keine Zeit, weil sie ganz dringend mit Freunden wegmusste, statt mir beim Einkaufen zu helfen. Du kannst dir vorstellen, dass ich ziemlich sauer war.

Ich hoffe, dass es jetzt wieder etwas ruhiger wird, zumindest bis nächsten Monat. Dann haben unsere Eltern Goldene Hochzeit und wollen groß feiern. Meine Schwester und ich organisieren das, und ich hoffe, Liane hilft mir diesmal wirklich. Die Feier soll im Tanzverein stattfinden, wo unsere Eltern seit vielen Jahren Mitglied sind, das heißt, einen Raum haben wir schon mal und Musik auch. Aber kennst du vielleicht einen guten Partyservice in unserer Stadt? Oder hast du Ideen, wie man mit wenig Geld einen Raum dekorieren kann? Das wäre super!

Bis ganz bald und viele Grüße!
Francesca

Beispiel

0	Judith hat den Arbeitsplatz gewechselt.	~~Richtig~~	Falsch
1	Liane sucht zurzeit eine neue Wohnung.	Richtig	Falsch
2	Francesca hat sich verletzt, als sie Möbel transportiert hat.	Richtig	Falsch
3	Francesca bekam keine Unterstützung von Liane, als sie krank war.	Richtig	Falsch
4	Lianes und Francescas Eltern haben bald ein Jubiläum.	Richtig	Falsch
5	Francesca sucht noch eine Band für die Feier.	Richtig	Falsch
6	Francesca bittet Judith, ihr beim Kochen für die Feier zu helfen.	Richtig	Falsch

Lesen, Teil 2

Lesen Sie den Zeitungsartikel und die Aufgaben 7 bis 9 dazu.
Wählen Sie bei jeder Aufgabe die richtige Lösung a , b oder c .

Hinweis: In der Prüfung bekommen Sie zwei Zeitungsartikel mit jeweils drei Aufgaben.
Den zweiten Text und die Aufgaben 10 bis 12 finden Sie online unter www.klett-sprachen.de/dafleicht.

Mehr Ausbildungsplätze?

Die Bundesregierung hat ein Programm für mehr Ausbildungsplätze angekündigt. Aktuell fehlen diese vor allem im Bereich Pflege, sagte Regierungssprecher Martin Hauser. „Wir wollen die Ausbildung zur Pflegekraft stärker unterstützen", betonte Hauser. „In Zukunft werden mehr Pflegekräfte gebraucht, deshalb ist es wichtig, schon jetzt genug Ausbildungsplätze zu haben."

Aber nicht nur in der Pflege, sondern auch im Handwerk oder im Bereich Erziehung fehlen Ausbildungsmöglichkeiten. Damit die Firmen mehr Ausbildungsplätze anbieten, sollen sie durch das Programm finanzielle Unterstützung bekommen. Wer keine oder zu wenige Plätze anbietet, soll Strafen zahlen. Frank Dieterichs vom Interessenverband Auszubildender sagt dazu: „Es fehlen Ausbildungsplätze, weil viele Betriebe denken, dass Ausbildung nur Zeit und Geld kostet. Aber sie vergessen, dass sie die Lehrlinge für die Zukunft der Firma brauchen."

Laut einer Umfrage ist es für die meisten Schülerinnen und Schüler sehr wichtig, überhaupt einen Ausbildungsplatz zu bekommen, das muss gar nicht in ihrem Traumberuf sein. Schülersprecherin Tanja Holzer meint: „Wichtig ist für die meisten, dass man erst mal einen Ausbildungsplatz hat und dann in zwei oder drei Jahren einen Berufsabschluss. Wenn man danach in einem anderen Beruf arbeiten möchte, kann man das noch immer probieren. Aber ohne Ausbildung hat man heute keine Chance auf einen guten Arbeitsplatz."

Beispiel

0 Martin Hauser

  a denkt, dass man in ein paar Jahren weniger Pflegekräfte benötigt als heute.

  ☒ erklärt, warum aktuell mehr Ausbildungsplätze in der Pflege nötig sind.

  c macht gerade eine Ausbildung zur Pflegekraft.

7 Das Programm der Regierung ist für

  a Auszubildende zur Pflegekraft.

  b Firmen in allen Bereichen.

  c Firmen, die bis jetzt keine Auszubildenden haben.

8 Herr Dieterichs denkt, dass

  a Auszubildende auch für die Firmen wichtig sind.

  b Auszubildende für Firmen zu teuer sind.

  c Firmen genug Ausbildungsplätze anbieten.

9 Viele Schülerinnen und Schüler

  a bekommen ohne Ausbildung keine gute Stelle.

  b finden es wichtig, im Wunschberuf zu arbeiten.

  c müssen mehrere Jahre auf einen Ausbildungsplatz warten.

Lesen, Teil 3

Lesen Sie die Situationen 13 bis 19 und die Anzeigen A bis J. Welche Anzeige passt zu welcher Situation?

Sie können jede Anzeige nur einmal verwenden. Die Anzeige aus dem Beispiel können Sie nicht mehr verwenden.

Für eine Situation gibt es keine passende Anzeige. In diesem Fall schreiben Sie X.

Beispiel

0 Miryam möchte ihr altes Auto verkaufen.   Anzeige: _F_

13 Emre möchte wissen, welche Autoversicherung einen guten Kundenservice hat.   Anzeige: ____

14 Rudi möchte ein gebrauchtes Auto kaufen.   Anzeige: ____

15 Gregor möchte das alte Fahrrad seiner kleinen Tochter verkaufen oder verschenken.   Anzeige: ____

16 Solveig möchte wissen, welche Versicherung sie für ihre drei Fahrräder braucht.   Anzeige: ____

17 Klaas möchte seiner 8-jährigen Nichte ein neues Fahrrad schenken.   Anzeige: ____

18 Huda möchte wissen, ob sie später als Rentnerin genug Geld hat.   Anzeige: ____

19 Ilias möchte in einer fremden Stadt ein Fahrrad leihen und sucht Informationen.   Anzeige: ____

A

Überall mobil!

Sie möchten auch in anderen Städten Fahrrad fahren?
D-A-CH-Rad bietet in 140 Städten in Deutschland,
Österreich und der Schweiz Fahrräder zur Miete!
Kostengünstig und umweltfreundlich – gern schicken wir
Ihnen unsere kostenlose Broschüre. E-Mail: dachrad.com

B

Ihr Auto oder Motorrad ist gut versichert? Prima!
Aber was ist mit Ihrem Fahrrad? Auch hier sind
Versicherungen wichtig. Sprechen Sie uns an! Wir prüfen,
ob Sie bereits die richtigen Versicherungen haben.
Achtung: Wir ermitteln nur Ihren Bedarf – wir vergleichen
keine Versicherungen oder Tarife!
R. Schulte, unabhängiges Beraterbüro Köln Tel. +49 221 1230987

C

AktivPlus, unser neues Sparprogramm

Sie können auch kleine Summen sparen!
• Dauer: Sie erhalten Ihr Geld plus Zinsen nach zehn Jahren
zurück.
• Vorteil: Sie erhalten beste Zinsen durch lange Laufzeit.
Sprechen Sie mit uns!
Sparida Bank, Basel • E-Mail: info@sparida.ch

D

Zufrieden mit Ihrer Autoversicherung?

Wechseln Sie jetzt zur TOP Sekur! Unabhängige
Preisvergleiche zeigen: Wir sind die Günstigsten.
Sprechen Sie mit uns und lassen Sie sich überzeugen!
TOP Sekur Versicherungsgesellschaft Tel.: +49 1805 710099

E

Machen Sie die Kinder der Welt mobil!

Wir suchen ständig gebrauchte Kinderräder für
Kinder in ärmeren Ländern! Rufen Sie uns an –
wir holen das Fahrrad ab. Gern auch defekte Räder.
Klein-aber-mobil e.V. Tel. +43 1 6290918

F

Wir suchen Gebrauchte! Für Ihr altes Auto zahlen
wir Höchstpreise in bar. Alle Marken, gern mit Extras.
Beste Bezahlung – fragen Sie uns! Abholung auch am
Wochenende oder werktags nach 18 Uhr möglich.
Mehr Infos: gebrauchte@topkfzmarkt.eu

G

Sie suchen die optimale Autoversicherung?

Wir helfen Ihnen bei der Suche – kostenlos und unabhängig!
Der Preis ist nicht alles, bei Autoversicherungen zählt auch der Service:
Können Sie Ihre Versicherung rund um die Uhr anrufen?
Verstehen Sie alle Unterlagen? Wir finden für Sie die beste Versicherung!
Unabhängige Beratung Thomas Prenzel E-Mail: tprenzel@topberatung.eu

H

Geldanlage zu TOP Konditionen!

Mit uns sparen Sie – aber nicht an den Zinsen!
• monatliche Sparrate (auch kleine Beträge) • die höchsten
Zinsen am Markt • Laufzeit mindestens zwei Jahre
FiBa München – die Bank Ihres Vertrauens
www@fibamuenchen.de

I

Für die Mobilität von morgen!

• höchste Sicherheit • bester Fahrkomfort • 5 Jahre Garantie

*Große Auswahl an Fahrrädern für Kinder zwischen
5 und 15 Jahren. Besuchen Sie uns: Fahrrad-Klencke,
Grünewaldstr. 2, 27834 Hamburg Tel. +49 40 506070*

J

Zufrieden in die Rente!

Denken Sie rechtzeitig an die Zeit nach dem Berufsleben: Wir
prüfen für Sie, ob Sie auch als Rentner finanziell ausreichend
versorgt sind. Damit Sie sich auch im Alter Ihre Wünsche
erfüllen können. Diese Beratung ist für Sie kostenlos!
Zögern Sie nicht und vereinbaren Sie noch heute einen Termin!
Beratung für alle e.V. Tel. +49 711 1629900

Lesen, Teil 4

Lesen Sie die Texte 20 bis 26. Wählen Sie: Ist die Person dafür, zum Geburtstag Haustiere zu verschenken?

Beispiel

0 Rudi   Ja   ~~Nein~~

20 Ulla   Ja   Nein   **24** Olga   Ja   Nein

21 Dominik   Ja   Nein   **25** Christian   Ja   Nein

22 Thomas   Ja   Nein   **26** Emanuel   Ja   Nein

23 Elvira   Ja   Nein

Beispiel Ich liebe Haustiere, und ich bin auch mit Katzen und Kaninchen groß geworden. Meiner Meinung nach ist es gut, wenn Kinder mit Haustieren aufwachsen, aber sie sollten Tiere auch respektieren. Deswegen finde ich es problematisch, Tiere einfach so als Geschenk mitzubringen. Dann denken die Kinder vielleicht, dass man Haustiere wie ein Spielzeug behandeln kann. *Rudi (51)*

20 Das ist ein interessantes Thema. Tatsächlich habe ich selbst eine Katze zu meinem achten Geburtstag bekommen, und ich erinnere mich noch gut daran. Viele Leute meinen ja, dass man Tiere nicht verschenken sollte, und ich kann auch einige Argumente verstehen, aber für mich war das eine tolle Erfahrung, und es war auch klar, dass ich mich um die Katze kümmern muss. Wenn man das so macht, ist das doch eine gute Sache, finde ich. *Ulla (30)*

21 Eine schwierige Frage. Ich habe eine dreijährige Tochter und ich möchte schon, dass sie lernt, mit Tieren umzugehen. Aber ich finde, man kann dann auch erst mal in den Tierpark gehen – Haustiere sind zwar schön, aber eine große Verantwortung für viele Jahre. Das finde ich problematisch. *Dominik (27)*

22 Meine Brüder und ich wollten als Kinder unbedingt einen Hund haben, und nach ein paar Jahren war es auch soweit: Ich glaube, wir waren 10, 8 und 7 Jahre alt, als wir unseren Struppi bekamen. Dann war es aber so, dass bei Regen keiner von uns raus wollte und unsere Eltern alles machen mussten. Deshalb ist das für meine Kinder kein Geschenk. *Thomas (42)*

23 Meine siebenjährige Tochter hat so lange gefragt, bis ich ihr endlich einen Vogel zum Geburtstag geschenkt habe. Ich fand die Idee ja nicht so toll und dachte, dass ich mich dann um das Tier kümmern muss. Aber da habe ich falsch gedacht. Meine Tochter kümmert sich super um den Vogel und jetzt sehe ich das wirklich sehr positiv. *Elvira (36)*

24 Bei Kindern war ich mir schon ziemlich sicher, dass Haustiere keine gute Idee sind. Aber vor ein paar Wochen habe ich meiner Tante zum 48. Geburtstag eine Katze geschenkt. Und jetzt hat sie schon keine Lust mehr, sich um die Katze zu kümmern. Also, unabhängig vom Alter werde ich in Zukunft andere Geschenke aussuchen! *Olga (22)*

25 Also, die Vorstellung, dass man ein Tier wie eine Sache verschenkt, finde ich schwierig. Ich hatte Fische, als ich klein war, aber die habe ich selbst im Zoogeschäft gekauft und auch von meinem Taschengeld bezahlt. Das finde ich okay, dann kümmert man sich eher um die Tiere. *Christian (16)*

26 Leider habe ich keine Haustiere, obwohl ich als Kind gern welche gehabt hätte – wie fast jedes Kind, glaube ich. Die Kinder der Nachbarn hatten aber Hunde und Katzen und sogar Kaninchen. Zum Glück konnte ich sie immer besuchen. Und jeder hat Aufgaben übernommen und viel dabei gelernt. Das ist doch super. *Emanuel (28)*

Lesen, Teil 5

Lesen Sie die Aufgaben 27 bis 30 und den passenden Textabschnitt.
Wählen Sie bei jeder Aufgabe die richtige Lösung [a], [b] oder [c].

Sie haben einen neuen Drucker gekauft und lesen die Gebrauchsanweisung.

27 Man soll
- [a] das Gerät nicht in die Sonne stellen.
- [b] zuerst das Kabel mit einer Steckdose verbinden.
- [c] zuerst die Sprache am Computer auswählen.

28 Sollte es Störungen geben,
- [a] findet man in der Anleitung Tipps zur Lösung.
- [b] gibt es auf der Internetseite weitere Hilfe.
- [c] muss man auf jeden Fall den Kundenservice anrufen.

29 Man kann am Gerät einstellen,
- [a] dass man ein Fax über das Internet versenden will.
- [b] wie oft man etwas kopieren möchte.
- [c] in welcher Qualität gedruckt werden soll.

30 Zur Lieferung gehört
- [a] ein Kabel für das Fax.
- [b] ein Programm, um Fotos zu bearbeiten.
- [c] eine Packung Briefumschläge zum Bedrucken.

Multifunktionsdrucker Roxy M1200

Lieferumfang

Ihren neuen Multifunktionsdrucker können Sie als Drucker, Kopierer und Fax verwenden. Dem Karton liegen ein Netzkabel, ein USB-Kabel, eine Software zur Bildbearbeitung sowie 50 Blatt Fotopapier bei. Beachten Sie, dass Sie für die Verwendung als Faxgerät ein gesondertes Kabel benötigen, das nicht zum Lieferumfang gehört.

Aufstellen und Inbetriebnahme

Stellen Sie das Gerät an einem trockenen Platz und möglichst nicht im direkten Sonnenlicht auf. Schließen Sie das Netzkabel zuerst am Gerät an, stecken Sie es danach in die Steckdose. Verbinden Sie das Gerät über das USB-Kabel mit Ihrem Computer. Stellen Sie am Drucker die Sprache ein (Taste 3).

Funktionen

Um den Drucker zu verwenden, drücken Sie Taste 1 an Ihrem Gerät. Wählen Sie am Computer Papierformat, Druckqualität und Anzahl der Ausdrucke.
Wenn Sie Kopien machen wollen, legen Sie zuerst das Dokument ein, das Sie kopieren möchten. Verwenden Sie Taste 2, um die Anzahl der Kopien einzustellen, anschließend bestätigen Sie mit der Taste „OK".
Für die Verwendung als Faxgerät erhalten Sie weitere Hinweise auf unserer Internetseite oder über den Kundenservice.

Wartung und Service

Verwenden Sie zur Reinigung des Geräts ein trockenes Tuch. Sollten Sie das Gerät längere Zeit nicht verwenden, raten wir, den Netzstecker zu ziehen.
Bei Fehlermeldungen nutzen Sie unsere Hinweise zur Problembehebung am Ende der Gebrauchsanleitung. Zusätzliche Programme und Tipps zum Bearbeiten und Verwalten Ihrer Fotos finden Sie auf unserer Internetseite. Unser Kundenservice berät Sie gern.

Hören   Track 42

Hören, Teil 1

Sie hören nun fünf kurze Texte. Sie hören jeden Text zweimal. Zu jedem Text lösen Sie zwei Aufgaben.
Wählen Sie bei jeder Aufgabe die richtige Lösung. Lesen Sie zuerst das Beispiel. Dazu haben Sie 10 Sekunden Zeit.

Beispiel

01 Heute können nicht alle Flugzeuge starten. ~~Richtig~~   Falsch

02 Der Flug nach Prag
- a fällt heute aus.
- b sollte um halb zehn starten.
- ~~c~~ startet ungefähr um 13.30 Uhr.

1 Sie hören Veranstaltungstipps. Richtig   Falsch

2 Das Kino
- a hat heute günstigere Preise.
- b öffnet heute Nachmittag um vier Uhr.
- c wird heute noch renoviert.

3 Franz ruft wegen eines Fußballspiels an. Richtig   Falsch

4 Ingo soll
- a etwas für die Dekoration mitbringen.
- b am Samstag Musik machen.
- c zusammen mit den anderen kochen.

5 Sie hören Angebote für Restaurants. Richtig   Falsch

6 Man kann
- a ab morgen bei „J & O" auch günstig Schuhe kaufen.
- b bald bei „J & O" auch Schmuck kaufen.
- c heute bei „J & O" zwei Jacken für 19,99 Euro kaufen.

7 Die Mitarbeiter machen einen Ausflug zur Feuerwehr. Richtig   Falsch

8 Morgen
- a findet eine Informationsveranstaltung zur Rente statt.
- b gibt es nach der Veranstaltung eine Feier für einen Mitarbeiter.
- c sollen sich alle schon vor Beginn der Veranstaltung versammeln.

9 Christine und Tom sind Kollegen. Richtig   Falsch

10 Tom
- a möchte am Wochenende mit Christine essen gehen.
- b muss das Treffen verschieben.
- c zieht am Wochenende um.

Hören, Teil 2

Sie hören nun einen Text. Sie hören den Text einmal. Dazu lösen Sie fünf Aufgaben.
Wählen Sie bei jeder Aufgabe die richtige Lösung a , b **oder** c **. Lesen Sie jetzt die Aufgaben 11 bis 15.**
Dazu haben Sie 60 Sekunden Zeit.

Sie nehmen an einer Stadtführung durch Neuenburg teil.

11 Was besucht man bei der Stadtführung?
     a Gebäude mit unterschiedlichem Alter.
     b Die Jubiläumsfeier in der Altstadt.
     c Ein Fest zum 750. Geburtstag.

12 Die Burg
     a war älter als die Stadt.
     b wird bei der Führung gezeigt.
     c wird von der Stadt neu gebaut.

13 Was ist das Besondere am Rathaus?
     a Es gibt dort keine langen Flure.
     b Man kann dort in allen Fragen Hilfe bekommen.
     c Man kann in dem Gebäude eine Wohnung mieten.

14 Das Musikfestival
     a findet dieses Jahr nicht statt.
     b hatte in letzter Zeit nicht viele Besucher.
     c kostet keinen Eintritt.

15 Das Café Müller
     a bietet eine Spezialität der Stadt an.
     b hat gerade neu eröffnet.
     c ist die letzte Station der Führung.

Hören, Teil 3

Sie hören nun ein Gespräch. Sie hören das Gespräch einmal. Dazu lösen Sie sieben Aufgaben.
Wählen Sie: Sind die Aussagen Richtig **oder** Falsch **? Lesen Sie jetzt die Aufgaben 16 bis 22.**
Dazu haben Sie 60 Sekunden Zeit.

Sie hören in der Straßenbahn ein Gespräch.

16 Klaus war mit seiner Familie drei Wochen im Urlaub.   Richtig   Falsch

17 Klaus wollte in diesem Urlaub weniger Fotos machen als sonst.   Richtig   Falsch

18 Irina macht lieber Urlaub am Meer.   Richtig   Falsch

19 Der älteste Sohn von Klaus mochte die Tiere sehr.   Richtig   Falsch

20 Die Frau von Klaus lebt in Passau.   Richtig   Falsch

21 Irina würde gern mit einem Schiff zu einem anderen Kontinent reisen.   Richtig   Falsch

22 Irina hebt Geld auf, um in Zukunft Haushaltsgeräte zu kaufen.   Richtig   Falsch

Hören, Teil 4

Sie hören nun eine Diskussion. Sie hören die Diskussion zweimal. Dazu lösen Sie acht Aufgaben. Ordnen Sie die Aussagen zu: Wer sagt was? Lesen Sie jetzt die Aussagen 23 bis 30. Dazu haben Sie 60 Sekunden Zeit.

		Moderator	Thomas Müller	Mirjam Becker
Beispiel				
0	Mir tun die Verkäufer am Wochenende leid.	⊠ a	b	c
23	An Wochenenden sind die Kunden nicht so in Eile und nicht so nervös.	a	b	c
24	Vor allem Süßigkeiten werden gern für andere gekauft.	a	b	c
25	Wenn man es gut organisiert, ist das Einkaufen kein Problem.	a	b	c
26	Manchmal ist die Arbeit wichtiger als die Familie.	a	b	c
27	Man denkt, dass man während der Öffnungszeiten unbedingt einkaufen muss.	a	b	c
28	Was für manche Leute Stress bedeutet, macht anderen Spaß.	a	b	c
29	Man muss sich auch ausruhen.	a	b	c
30	Viele Sachen zum Anziehen kaufe ich jetzt schon im Internet.	a	b	c

Schreiben

Schreiben, Teil 1

Sie möchten nächsten Samstag einen Ausflug machen. Ein Freund von Ihnen möchte gern mitkommen.
- Beschreiben Sie: Wohin wollen Sie und was wollen Sie machen?
- Begründen Sie: Warum wollen Sie am Samstag fahren?
- Machen Sie einen Vorschlag, welches Verkehrsmittel Sie nehmen.

Schreiben Sie eine E-Mail (circa 80 Wörter). Schreiben Sie etwas zu allen drei Punkten.
Achten Sie auf den Textaufbau (Anrede, Einleitung, Reihenfolge der Inhaltspunkte, Schluss).

Schreiben, Teil 2

Sie haben im Internet einen Artikel zum Thema „Sollen Kinder ein Smartphone haben?" gelesen.
In den Kommentaren zu dem Artikel finden Sie folgende Meinung:

www.kinder-und-erziehung-aktuell.eu	_ ☐ X
Techmum 19.7. 21:44	Ich finde, Kinder müssen lernen, mit moderner Technik umzugehen. Wenn Sie das nicht können, haben sie Nachteile in der Schule und die Freunde lachen. Natürlich sollen sie nicht immer mit dem Smartphone spielen, aber eine Stunde pro Tag finde ich okay.

Schreiben Sie nun Ihre Meinung zum Thema (circa 80 Wörter).

_____

_____

_____

_____

_____

_____

Schreiben, Teil 3

Ein Fenster in Ihrer Mietwohnung ist kaputt.
Schreiben Sie an den Hausmeister, Herrn Yilmaz. Beschreiben Sie die Situation und bitten Sie um Hilfe.
Schreiben Sie eine E-Mail (circa 40 Wörter). Vergessen Sie nicht die Anrede und den Gruß am Schluss.
(Bitte verwenden Sie ein eigenes Blatt für diese E-Mail.)

Sprechen

Sprechen, Teil 1

Bekannte von Ihnen beiden fahren in Urlaub und haben gefragt, ob Sie sich um die Wohnung und die zwei Katzen kümmern können.

Sprechen Sie über die Punkte unten, machen Sie Vorschläge und reagieren Sie auf die Vorschläge Ihres Gesprächs-partners / Ihrer Gesprächspartnerin. Planen und entscheiden Sie gemeinsam, was Sie tun möchten.

Sich um Wohnung und Tiere von Bekannten kümmern

- _Was mit den Tieren machen? (füttern, spielen …)_
- _Wer? / Wann?_
- _Was in der Wohnung tun? (Post, Pflanzen …)_
- _Was tun, wenn Sie krank sind / keine Zeit haben?_
- _…_

Sprechen, Teil 2

Sie sollen Ihren Zuhörern ein aktuelles Thema präsentieren. Dazu finden Sie hier fünf Folien.
Folgen Sie den Anweisungen links und schreiben Sie Ihre Notizen und Ideen rechts daneben.

Hinweis: Sie üben hier mit einem Thema, in der Prüfung bekommen Sie zwei Themen zur Auswahl.
Überlegen Sie aber nicht zu lange, sondern entscheiden Sie sich schnell für ein Thema.

Sprechen, Teil 3

Nach Ihrer Präsentation:
Reagieren Sie auf die Rückmeldung und auf Fragen der Prüfer/-innen und des Gesprächspartners / der Gesprächspartnerin.

Nach der Präsentation Ihres Partners / Ihrer Partnerin:
a) Geben Sie eine Rückmeldung zur Präsentation Ihres Partners / Ihrer Partnerin (z. B. wie Ihnen die Präsentation gefallen hat, was für Sie neu oder besonders interessant war usw.).
b) Stellen Sie auch eine Frage zur Präsentation Ihres Partners / Ihrer Partnerin.

21

1a   1C, 2A, 3B, 4D

1b

Adjektiv	Gegenteil (+ / - un-)	Adjektiv	Gegenteil (+ / - un-)
alt	–	pünktlich	unpünktlich
wichtig	unwichtig	gepflegt	ungepflegt
viel	–	gut	–
höflich	unhöflich	anstrengend	–
unfreundlich	freundlich	musikalisch	unmusikalisch
aggressiv	–		
sicher	unsicher		

2a   1. der 2. das 3. die 4. die

2b   1b, 2d, 3a, 4c

3a   der, dem, den, dem, der, dem, dem

3b   1. dem 2. der 3. dem 4. denen

4   1. mit der die Fahrgäste immer zufrieden sind. 2. mit der die anderen Busfahrer immer rechnen können. 3. mit dem sich die Gäste immer gern unterhalten. 4. mit denen er zusammenarbeitet.

6   1c, 2g, 3b, 4a, 5d, 6e, 7f

7a   1. f, 2. f, 3. r, 4. f 5. r

7b   1. mit Menschen zu arbeiten. 2. immer freundlich zu bleiben. / bleiben zu müssen. 3. auch am Wochenende zu arbeiten. / arbeiten zu müssen. 4. auch in anderen Ländern einen Job zu finden.

9   der: Kochlöffel, Luftballon; das: Fernglas, Feuerzeug, Handtuch, Pflaster, Taschenmesser; die: Batterie, Taschenlampe, Wärmflasche

10a   1. f, 2. r, 3. r, 4. r, 5. f, 6. r

10b   1. Stuhl, Tisch, Lampe, (Bücher), Laptop 2. T-Shirts, Unterwäsche, Röcke, Hosen, Pullis, Sportsachen, Schuhe, Mantel 3. Bücher, Sofa, Klavier, Fotos

10d   1. +, 2 –, 3. –, 4. –, 5. +

11   1. Stofftier 2. Batterie 3. Frieden 4. wiegen 5. vermieten 6. unterschiedlich 7. griechisch

12

	Nominativ	der Stuhl	das Sofa	die Pflanze	die Teppiche
Genitiv		des Stuhls	des Sofas	der Pflanze	der Teppiche

13a   1. die Wandfarbe 2. die Lebensgeschichte 3. der Jobwechsel 4. die Hundebesitzerin

13b   1. der Fahrer des Taxis 2. die Leitung des Museums 3. der Pfleger der Kranken 4. die Höhe des Tischs

14a   A: stellte, war, steckte, probierte, schmeckte, erinnerte, entwickelte, verkaufte; B: verkaufte, waren, machten, überlegte, hatte, wollte, konnte, backte, war, hatten, gründete

22

1a   A2, B1, C4, D3

1b   1. r, 2. r, 3. r, 4. f

1c   1. fotografiert 2. schicken 3. lachst 4. hatte 5. konnte 6. fahren 7. gemacht 8. werde

1d   Präsens: 3; Perfekt: 7; Präteritum: 4, 5; Futur: 2, 6, 8

2   1. der Uhrenhersteller 2. der Sonntagskaffee 3. der Plastikmüll 4. das Schulfoto 5. die Luxusmarke 6. die Erfolgsgeschichte

3a   1. gab, geben 2. starb, sterben 3. nannte, nennen 4. wurde, werden 5. sah, sehen 6. hatte, haben

3b   war, kam, gab, arbeitete, beobachtete, sah, hatten, hatte, legte, nannte, verkaufte, eröffnete, aßen, entdeckten, glaubten, wurde, starb

3c   1b, 2a, 3a, 4c

4a   1. Wertvoller Müll 2. Selbstständiger Vierbeiner 3. Ungewöhnlicher Fahrgast musste wieder aussteigen

4b

1.   Müllmann K. machte große Augen, als er den Koffer öffnete, der im Müll lag. In dem Koffer fand er Geldscheine im Wert von über 50.000 Euro. Die Polizei sucht noch nach dem Besitzer des Geldes.

2.   Ganz allein und ohne Termin kam gestern Nachmittag ein vierbeiniger Patient in eine Tierarztpraxis in der Stadtmitte. Der dreijährige Schäferhund Rex saß mit einem verletzten Fuß an der Rezeption. Der Arzt, der Rex von früheren Besuchen kannte, rief die erstaunte Besitzerin an und versorgte dann den Fuß des Hundes.

3.   Am Sonntagabend wollten drei Männer und eine Frau ein Schwein in der S-Bahn transportieren. An der Haltestelle Weststadt / Südstadt stiegen sie mit dem Tier in die S 5 ein. Ein Bahnangestellter bat die Personen, wieder auszusteigen. Als diese laut und aggressiv protestierten und nicht aussteigen wollten, rief der Bahnmitarbeiter die Polizei.

4c   1. gefunden 2. gelegen 3. gekommen 4. gesessen 5. eingestiegen 6. protestiert

5 *zum Beispiel:* Zuerst gingen sie in ein schickes Modegeschäft, und dort probierte Frau Schücking viele Ballkleider an. Nach einer Stunde wurde Herr Schücking müde. Deshalb setzte er sich auf einen Stuhl hinter einem Vorhang. Nach ein paar Minuten schlief er ein. Zehn Minuten später fand Frau Schücking ihr Traumkleid, ging zur Kasse und bezahlte. Dann ging sie schnell aus dem Geschäft, denn es war schon spät und sie wollte noch ins Schuhgeschäft. Sie dachte, ihr Mann wäre schon gegangen.
Plötzlich wachte Herr Schücking auf. Alles war dunkel und still. Schnell lief er zur Tür, aber sie war abgeschlossen. Schließlich kletterte er ins Schaufenster, sprang auf und ab und rief laut. Am Ende bemerkte ihn ein Spaziergänger und rettete ihn.

6 1. herstellen 2. Mitternacht 3. Qualität 4. Modell 5. Regisseur 6. Kamerad 7. Industrie 8. Werkstatt 9. Puppe 10. Rubrik 11. kontrollieren 12. gratis 13. Plastik 14. retten 15. Erlaubnis

7a 1. Bürger 2. protestieren 3. Armee 4. Bevölkerung 5. zurücktreten 6. Grenze 7. Regierung 8. Staat 9. Nationalfeiertag 10. demonstrieren; *Lösungswort:* Politik

7b 1. Ab 2. bis 3. Während 4. immer wieder 5. In 6. kurz danach 7. Seit 8. als 9. vor 10. am

8 1. Seit 2. Während 3. seit 4. Während 5. während

9a 1. Während Ben zu Mittag gegessen hat, hat Tom Bücher in der Bibliothek abgegeben. 2. Während Ben an einer Präsentation gearbeitet hat, hat Tom mit Jannis Türkisch gelernt. 3. Während Tom im Park gejoggt hat / ist (joggen war), hat Ben Gitarre geübt. 4. Während Ben Moni vom Bahnhof abgeholt hat, hat Tom seine Oma zu ihrer Freundin gefahren. 5. Während Ben ferngesehen hat, war Tom im Kino.

PT 11

Lesen

1 1. f, 2. f, 3. r, 4. r, 5. r, 6. f

Hören

1 1c, 2b, 3a, 4b, 5c

Schreiben

1 deshalb, weil, denn, nämlich, aus diesem Grund

2 Warum warst du am Samstag nicht … ? | Ich finde, du solltest … | Ich möchte nie wieder mit dir …

3 *zum Beispiel:*

Lieber Hoseok,
wie waren deine Prüfungen? Die Reise nach Würzburg war toll. Das nächste Mal musst du unbedingt mitkommen! Ich bin mit der Bahn gefahren, weil ich keine Lust auf den Autobahn-

verkehr hatte. Ich bin also ganz entspannt angekommen! Ich hatte auch Glück mit dem Wetter, deshalb konnte ich den Spaziergang über die Brücke und zum Schloss hinauf sehr genießen. Gleich neben dem Hotel war ein schönes altmodisches Weinlokal, in dem ich abends gegessen habe. Am Samstagabend war ich im Theater und habe ein modernes Ballett gesehen, das war auch super.
Hast du diese Woche abends mal Zeit? Wir könnten etwas trinken gehen, dann zeige ich dir ein paar Würzburg-Fotos und du erzählst mir von den Prüfungen. Schreib mir doch kurz.

Liebe Grüße
Katja

23

1 1. f, 2. f, 3. f, 4. f, 5. r

2a weil, Trotzdem, Trotzdem, dass

2b Ich heiße Stefan und möchte Profiradfahrer werden. Seit einem Jahr trainiere ich mit Ingo. Im Moment ist er der wichtigste Mensch in meinem Leben, weil er mich motiviert und unterstützt. Er ist streng, und sein Trainingsprogramm ist ziemlich hart. Trotzdem verstehen wir uns wunderbar. Am Anfang konnte ich das nicht verstehen, und ich hatte oft keine Lust. Trotzdem habe ich mitgemacht. Ingo hat mir nämlich klargemacht, dass es ohne harte Arbeit nicht geht.

2c Trotzdem verstehen wir uns wunderbar. Trotzdem habe ich mitgemacht.

3 1. Obwohl Hans schon lange eine Wohnung sucht, findet er keine. Hans findet keine Wohnung, obwohl er schon lange eine sucht. 2. Obwohl Eva nicht genug Geld für die Miete hat, möchte sie allein wohnen. Eva möchte allein wohnen, obwohl sie nicht genug Geld für die Miete hat. 3. Obwohl sie etwas anderes wollen, bleibt alles, wie es war. Alles bleibt, wie es war, obwohl sie etwas anderes wollen.

4a obwohl, Obwohl, Trotzdem, obwohl, obwohl, obwohl, trotzdem

4b 1. f, 2. r, 3. f, 4. r, 5. f

5 Ja, wir haben uns vor der Haustür geküsst. – Ich habe mich sofort verliebt. – Im Juni haben wir uns verlobt. – In den vielen Jahren haben wir uns selten gestritten. – Und dann haben wir uns immer sofort versöhnt und umarmt.

6a Wo gibt es die meisten Probleme? – 1; Sollten beide Partner beide Sprachen können? – 2; Ist es nicht ein Problem, wenn man mit seinem Partner immer in einer Fremdsprache spricht? – 3; Was ist wichtig, damit eine interkulturelle Beziehung funktioniert? – 4

7a 1. Großväter / Großmütter 2. Brüder / Schwestern 3. Neffen / Nichten 4. Onkel / Tanten 5. Cousins / Cousinen 6. Schwäger / Schwägerinnen 7. Schwiegerväter / Schwiegermütter

8 1. ihn mir 2. ihn ihr 3. es ihm 4. sie ihnen 5. es uns

9a 1a, 2b, 3a, 4b, 5b

9b 1. Die Grubers sind gern mit Kindern zusammen, darum wohnen sie in einem Mehrgenerationenhaus. 2. Die Menschen brauchen sich, darum werden Mehrgenerationenhäuser immer beliebter. 3. Herr Gruber sieht seine Enkel nur selten, darum hilft er den Kindern aus dem Haus. 4. Es gibt Ruhezeiten, darum ist der Lärm kein Problem. 5. Die Bewohner haben verschiedene Wünsche, darum sind die Wohnungen nicht gleich. 6. Der Staat und die Stadt geben Geld dazu, darum sind die Wohnungen nicht so teuer.

11 1. Wien ist die Stadt mit der besten Lebensqualität. 2. Tokio ist die Stadt mit den meisten Einwohnern. 3. Rio de Janeiro ist die Stadt mit dem längsten Strand. 4. Dubai ist die Stadt mit dem höchsten Gebäude. 5. Atlanta ist die Stadt mit dem größten Flughafen.

12a anstrengend, arbeitslos, berühmt, chaotisch, ehrlich, interessant, fröhlich, hässlich, höflich, langweilig, sportlich, sympathisch

12b Norbert wohnt mit einer chaotischen Lehrerin, einem fröhlichen Krankenpfleger, einer arbeitslosen Ingenieurin, einem sportlichen Zimmermädchen und einem hässlichen Hündchen zusammen.

13a 1b, 2d, 3f, 4e, 5c, 6a

13b In unserer Großfamilie verlassen wir uns aufeinander. Die Großeltern passen auf die Kleinen auf, der große Bruder geht mit der kleinen Schwester zum Fußball – wenn alle wissen, was zu tun ist, gibt es keinen Stress. Unser Familienkoch heißt Walter, er ist mein Onkel. Er kümmert sich darum, dass es jeden Tag etwas Heißes zu essen gibt. Außerdem backt er gern – sein Weißbrot und seine süßen Kuchen schmecken großartig! Tante Irene ist gern draußen und genießt die Arbeit in unserem Garten. Sie stellt immer einen Blumenstrauß auf den Tisch. Besser kann man nicht leben!

24

1 1. Tankstelle 2. Motorrad 3. Bahnhof 4. Autobahn 5. Gehweg 6. Diesel 7. Verspätung 8. Radweg 9. PKW 10. Bus 11. Haltestelle 12. LKW 13. Stau 14. Flughafen; *Lösungswort:* Verkehrsmittel

2 Als ich zum letzten Mal mit der Bahn gefahren bin, hatte sie dreizehn Minuten Verspätung! Und es war kein guter Sitzplatz mehr frei, ich musste rückwärts fahren. Furchtbar. – Oh nein, tatsächlich? – Und schmutzig war es im Bahnhof! Ich möchte wissen, wie oft die dort putzen. Trotzdem erzählt uns jeder, wir sollen die öffentlichen Verkehrsmittel nutzen, bla bla bla … Nichts für mich. Es gibt Grenzen. – Nur eine winzige Frage: Wie lange sitzen wir jetzt schon in diesem Stau fest? Vierzig Minuten oder bereits fünfzig? – Haha, sehr witzig.

3b C, B, A, D

3c 1. f, 2. r, 3. r, 4. r, 5. f

4a 2f, 3h, 4b, 5a, 6g, 7e, 8d

4b 2. Ich habe mir ein Monatsticket gekauft, damit ich so oft Bus fahren kann, wie ich will. 3. Das Radio sendet Verkehrsnachrichten, damit die Autofahrer Informationen über Staus und Unfälle bekommen. 4. Mitfahrzentralen vermitteln Kontakte, damit man zusammen reisen und sich die Kosten teilen kann. 5. Bei kurzen Flügen geben wir kein Gepäck auf, damit wir nicht auf unsere Koffer warten müssen. 6. Tomoko und Kalle haben Sitzplätze reserviert, damit sie in der Bahn nicht stehen müssen. 7. An den Bushaltestellen stehen Ticketautomaten, damit man seine Fahrkarte schon vorher kaufen kann. 8. Du solltest früher aufstehen, damit du deinen Bus nicht verpasst.

4c Ich habe mir ein Monatsticket gekauft, um so oft Bus fahren zu können, wie ich will. Bei kurzen Flügen geben wir kein Gepäck auf, um nicht auf unsere Koffer warten zu müssen. Tomoko und Kalle haben Sitzplätze reserviert, um in der Bahn nicht stehen zu müssen. Du solltest früher aufstehen, um deinen Bus nicht zu verpassen.

5 1a, 2b, 3b, 4a, 5b, 6a

6a 1. Malte lässt die Reifen in der Werkstatt wechseln. 2. Wir lassen das Haus von der Firma Sauer renovieren. 3. Die Firma lässt ihre Computer von der IT-Spezialistin programmieren. 4. Ich lasse den Garten vom Gärtner pflegen.

6b 1. um die Reifen wechseln zu lassen. 2. um das Haus renovieren zu lassen. 3. um ihre Computer programmieren zu lassen. 4. um den Garten pflegen zu lassen.

7

Nomen	Verb	Adjektiv
der Durchschnitt		durchschnittlich
die Dauer	dauern	
die Mobilität		mobil
die Bremse	bremsen	
die Pflege	pflegen	gepflegt
die Reparatur	reparieren	
der Parkplatz	parken	
der Sitz	sitzen	
der Tag		täglich

8a   1a, 2c, 3b, 4b, 5a, 6c, 7c, 8b

9a   Je schneller man fährt, desto mehr Unfälle passieren.

9b   2a, 3d, 4c

9c   2. Je langsamer Sie fahren, desto schneller können Sie auf Fußgänger reagieren. 3. Je länger Sie am Steuer gesessen haben, desto wichtiger sind Pausen. 4. Je ruhiger und entspannter Sie bleiben, desto besser können Sie mit schwierigen Situationen umgehen.

10   1. Vor dem Autofahren soll man weder Alkohol trinken noch die ganze Nacht feiern. 2. An der Tankstelle soll man weder rauchen noch sein Handy benutzen. 3. Beim Fahren soll man weder telefonieren noch Textnachrichten lesen.

PT 12

Lesen

1   1. nein 2. nein 3. ja 4. nein 5. ja

Hören

1   1. f, 2. b, 3. r, 4. a, 5. r, 6. c, 7. r, 8. b

Schreiben

1   Sehr geehrte/r … | Mit unseren besten Wünschen | Auf Wiedersehen | Mit freundlichen Grüßen | Guten Tag

2   Warum ist bei dir nichts in Ordnung? | Darf ich mich kurz vorstellen? | Für eine schnelle Antwort wäre ich Ihnen dankbar. | Sie erreichen mich telefonisch unter 0611 895590. | Deshalb schreibe ich Ihnen.

3   *zum Beispiel:*
Liebe Silke,
wie geht es dir? Ich habe viel an dich gedacht, denn ich hatte Gäste aus Deutschland! Vielleicht weißt du, dass wir eine deutsche Partnerstadt haben, sie heißt Bad Kötzting. Dort gibt es einen tollen Chor, und der war letzte Woche zu Besuch hier in Bundoran. Der Chor hat 32 Mitglieder, und zwei von ihnen, Martin und Annette, haben bei mir übernachtet. Sie sind beide ungefähr so alt wie meine Eltern, aber total unkompliziert und richtig oool, deshalb haben wir uns gleich super verstanden. Wir hatten viel Spaß und wollen in Kontakt bleiben.
Komm doch auch mal nach Irland! Wie wäre es nächsten Sommer?
Bis bald und liebe Grüße
Seán

25

1a   2. der Vogel 3. die Blume 4. die Beere 5. das Blatt 6. die Mücke 7. der Bär 8. der Fuchs 9. der Pilz 10. das Reh

1b   Tiere: Vogel, Mücke, Bär, Fuchs; Planzen: Beere, Blatt

2   sein, seinen, seine, die, den großen, seinem, seinem, den, seiner, den bunten

4   ~~123 Mio.~~ 122 Mio.; ~~215~~ 1.215; ~~34.000 ha~~ 24.000 ha

5a   1B, 2D, 3C, 4A

5b   1. Die Kinder können nicht nur im Wald spielen, sondern dabei auch Wissen und Erfahrungen sammeln. 2. Die Kinder müssen nicht nur Bäume, sondern auch Tiere erkennen. 3. Ursula Schmidt kennt sich nicht nur mit Vogelstimmen, sondern auch mit den Pflanzen im Wald aus. 4. Im März werden nicht nur die Singvögel, sondern auch viele andere Tiere wieder aktiv. 5. Sie können nicht nur „Ihren" Baum pflanzen, sondern auch nette Menschen kennenlernen.

6a   2. der Beton 3. die Wolle 4. der Stein 5. das Holz 6. der Sand 7. der Stoff 8. das Glas 9. das Plastik 10. das Metall 11. das Papier 12. das Leder

7   *regelmäßige Verben:* bemerkte – bemerken; weinte – weinen; sagte – sagen; dauerte – dauern; machte – machen; fragten – fragen; erklärte – erklären; lachten – lachen; rauchten – rauchen; *unregelmäßige Verben:* hatte – haben; fand – finden; wollte – wollen; lief – laufen; traf – treffen; kam – kommen; gingen – gehen; schrie – schreien; mussten – müssen; sah – sehen; beschlossen – beschließen; ankamen – ankommen; aßen – essen; tranken – trinken

8   war, lebte, hieß, war, sah, verliebte, heirateten, bekam, war, machte, gefiel, ließ, kam, akzeptierte, wollte, ging, war, tötete, endete; *Quizfrage:* Sisi

9   1a, 2a, 3a, 4b

10c   1a, 2b, 3c, 4b, 5c, 6c, 7a

10d   1. f, 2. f, 3. r, 4. r, 5. r, 6. f

11   Habt ihr euch schon einmal im Wald auf den Boden gelegt? Das hilft total, wenn man Stress abbauen möchte. Wissenschaftler haben das bewiesen. – Ja, mir macht das auch Spaß. Ich habe beschlossen, dass ich im nächsten Urlaub zum Waldbaden gehe. Kennt ihr das? – Ja, im Radio hat jemand darüber gesprochen. Ganz spannend, aber ich brauche das nicht. Ich setze mich einfach ganz still in den Wald und schaue mir die Bäume und Sträucher an. Das ist auch schön.

12b   *zum Beispiel:*
Hallo Geli,
wie geht's dir so? Ich wollte dir ja von meinem Wochenende auf Usedom erzählen. Ich bin mit dem Auto dorthin gefahren. Zum Glück war nicht so viel Verkehr, ich habe nur drei Stunden gebraucht.
Also, ich habe dort einen besonderen Entspannungskurs

gemacht. Er hieß „Waldbaden" – mit Baden im Wasser hat das aber nichts zu tun, sondern wir haben uns zum Beispiel im Wald auf den Boden gelegt, die Augen geschlossen und den Vögeln zugehört. Das war sehr schön, weil wir gutes Wetter hatten. Bei Regen möchte ich das lieber nicht machen … Aber ich habe mich wirklich entspannt gefühlt, auch wenn es ein ziemlich teurer Spaß war.

Vielleicht treffen wir uns nächste Woche mal? Dann erzähle ich dir noch von den komischen Leuten, die in dem Kurs waren …
Liebe Grüße
Alex

13   1. dieselbe 2. denselben 3. dieselben 4. dasselbe 5. demselben 6. dasselbe

26

1a   A Gesundheit B Genuss D Erfolg E Familie F Natur
G Gerechtigkeit H Sicherheit, I Gemeinschaft J Arbeit

1b   1b, 2b, 3c, 4a, 5b

2   2a, 3e, 4f, 5c, 6d; 3. Unsere Ernährung wird … 4. Die Unterschiede zwischen den Ländern werden … 5. Interessante Jobs werden … 6. Eltern werden …

3a   1. Er sollte sie aufschreiben. 2. Du solltest nicht so viel Kaffee trinken. 3. Ihr solltet öfter ausgehen. 4. Sie sollte mehr schlafen. 5. Du solltest sie oft wiederholen.

4a   1. f, 2. f, 3. r, 4. r, 5. f, 6. f, 7. r

4b   1. 2-1, 2. 1-2, 3. 2-1, 4. 1-2, 5. 1-2

4c   Nachdem sie einen Fußball gekauft hatte, ging sie mit Leon in den Park. Nachdem die beiden zwei Stunden Fußball gespielt hatten, bekamen sie Hunger. Nachdem sie zu Hause Nudeln gekocht hatten, fragte Leon die Nachbarin, ob sie mitessen möchte. Nachdem Leon, Nele, die Nachbarin und ihre Kinder zusammen gegessen hatten, spielten sie den ganzen Abend Karten. Nachdem Leon ins Bett gegangen war, rief Nele ihren Opa an und erzählte ihm von ihrem Tag.

5   1b, 2a, 3a, 4a

6   1. Ernährung 2. Anerkennung 3. pendeln 4. Erkenntnis 5. zusätzlich 6. Gegend 7. handwerklich 8. selbstständig 9. Pädagoge 10. längst 11. Wert 12. abhängig 13. bewerben 14. Fläche 15. Empfehlung

7a   1. Weiterbildung 2. ein gutes Gehalt 3. flexible Zeiteinteilung 4. Nähe zum Wohnort 5. Teamarbeit 6. Karrieremöglichkeiten 7. ein gutes Betriebsklima 8. Sozialleistungen 9. ein Homeoffice 10. Selbstständigkeit

8a   guten, handwerklicher, selbstständiger, großem, großes, interessante, überdurchschnittlicher, angenehmem, regelmäßige

8b   *zum Beispiel:* Sehr geehrte Damen und Herren, / und ich interessiere mich für das Stellenangebot. / Über eine Einladung zu einem Gespräch würde ich mich sehr freuen. / Mit freundlichen Grüßen

9a   1. Finns Hobbys sind sowohl Musik als auch Elektronik. 2. Astrid spricht sowohl Englisch als auch Deutsch. 3. Während des Studiums hat Karina sowohl als Kellnerin als auch im Supermarkt gejobbt. 4. Finn möchte sowohl sein Hobby zum Beruf machen als auch im Ausland arbeiten. 5. Astrid interessiert sich sowohl für Menschen als auch für andere Länder.

9b   Karina – B; Finn – C; Astrid – A

10   1. Während eines einjährigen Jobs auf Teneriffa. 2. Wegen des neuen Projekts. 3. Wegen der vielen Termine. 4. Während meines Sommerurlaubs. 5. Während des Betriebsausflugs.

PT 13

Lesen

1   1. X, 2. D, 3. A, 4. C

Hören

1   1. c, 2. c, 3. b, 4. c, 5. a, 6. b, 7. a, 8. c

Schreiben

1   *zum Beispiel:* sich entschuldigen: Es tut mir leid, aber … ; etwas begründen: Deshalb … / … denn … / Darum … / …nämlich… / Wegen … ; Termine vereinbaren: Ich schlage vor, dass wir uns am … um … treffen. / Würde Ihnen … passen? / Für mich wäre … günstig, passt das?

2   *zum Beispiel:*
Liebe Frau Dinkel,
leider kann ich morgen nicht zu unserem Termin kommen. Meine Mutter hatte einen schweren Unfall, deshalb werde ich morgen nach Ungarn fliegen und das Wochenende bei ihr im Krankenhaus bleiben. Ich bin sicher, Sie verstehen das. Wir können dann gleich für Montag einen neuen Termin machen, würde das passen?
Herzliche Grüße
Tibor Biró

27

1a   die Republik, die Hauptstadt, die Demokratie, der Präsident, das Parlament, das Gebäude, die Regierung, der Kaiser, die Partei

1b   Parlament, Demokratie, Regierung, Kaiser, Republik, Präsident, Partei, Hauptstadt, Gebäude

1c 1914-1918: 1. Weltkrieg; 1918-1933: Weimarer Republik;
1933-1945: Nationalsozialismus; 1939-1945: 2. Weltkrieg;
1949: Gründung BRD / DDR; 1990: Wiedervereinigung

1d 1. Schon während der Kaiser regierte, wollten die Menschen
eine Demokratie. 2. Nachdem der Erste Weltkrieg vorbei war,
wurde Deutschland eine Republik. 3. Als Deutschland unter
nationalsozialistischer Herrschaft war, war es kein demokratischer Staat mehr, sondern eine Diktatur. 4. Seit Deutschland
wiedervereinigt ist, ist Berlin die Hauptstadt.

2 Als, wenn, wenn, Als, wenn

3

Nomen	Verb	Adjektiv
die Demokratie		demokratisch
die Abstimmung	abstimmen	
das Parlament		parlamentarisch
die Vertretung	vertreten	
die Debatte	debattieren	
die Transparenz		transparent
das Symbol	symbolisieren	symbolisch
die Freiheit		frei

4a würden, wären, wäre, hätten, müssten, wäre, wären, würde,
hätte, würde, dürftest, würdest, würde;
Fotos: Person B – Person C – Person A

5a 1. f, 2. f, 3. r

5b 1. ja 2. nein 3. nein 4. nein

6 1. Mein Freund arbeitet gern im Team, darum ist er bei der
Feuerwehr. Mein Freund ist bei der Feuerwehr, weil er gern
im Team arbeitet. 2. Manche Leute engagieren sich nicht, weil
sie ihre Ruhe haben wollen. Manche Leute wollen ihre Ruhe
haben, deshalb engagieren sie sich nicht. 3. Wegen der gerin-
geren Kosten brauchen wir die Freiwilligen. Wir brauchen die
Freiwilligen, denn die Kosten sind dann viel geringer.

7a 1. Silke versucht, ihrer alten Nachbarin zu helfen. 2. Es ist
wichtig, für andere da zu sein. 3. Es ist manchmal schwer, mit
allem allein klarzukommen. 4. Karin hilft Flüchtlingskindern,
Deutsch zu lernen. 5. Es ist sicher schwer, die Heimat verlassen
zu müssen.

8a Haben Sie Lust, Kindern mit Migrationshintergrund zu helfen?
HelpChild hilft ihnen, wenn sie Unterstützung bei den Schulaufgaben brauchen. Wir spielen und lernen ehrenamtlich mit
ihnen. Machen Sie mit! Die Kinder und ihre Eltern sind Ihnen
dankbar. Melden Sie sich unter: nick.gerber@gmail.com

8b *zum Beispiel:*
Sehr geehrter Herr Gerber,

ich habe Ihre Anzeige gelesen und interessiere mich für das
Projekt. Mein Name ist Meret Löb. Ich bin 22 Jahre alt und
studiere Pädagogik, deshalb habe ich großes Interesse daran,
mit Kindern zu arbeiten. Könnten Sie mir noch einige Informa-
tionen geben? Ich würde gern wissen, wie viele Leute in dem
Projekt arbeiten und wo die Treffen stattfinden, und auch wie
alt die Kinder sind.
Ich würde mich freuen, von Ihnen zu hören.
Mit freundlichen Grüßen
Meret Löb

8d 1. r, 2. f, 3. f, 4. f, 5. r

9a Menschen, Italienerin, Schweden, Griechen, Nachbarn, Franzose, Portugiesen, Polin, Nachbar, Student, Kurde, Russin, Herrn,
Präsidenten, Senegalese

9b *Nationalitäten*: der Grieche, der Franzose, der Portugiese, der
Kurde, der Senegalese; *andere*: der Nachbar, der Student, (der)
Herr, der Präsident

28

1a 1c, 2a, 3b, 4c, 5b, 6a

1c Echter Name: Elisabeth Charlotte Rist; Geburtsdatum:
21.6.1962; Studium: 1982-1986 Grafik in Wien, 1986- Audiovisuelle Kommunikation in Basel; Freiberufliche Tätigkeit: Computergrafikerin; Arbeiten / Kunstformen: Videoinstallationen, Experimentalfilme, Computerkunst; Preise: (unter anderem) „Premio
2000", 1997; Auftritte und Alben mit „Les Reines Prochaines":
1988-1994; Erster Spielfilm: „Pepperminta" (2009); Zitat: „Video
ist wie eine kompakte Handtasche, da ist von Literatur über
Malerei bis zur Musik alles drin."; Wohnort: Zürich; Familie: ein
Sohn (Himalaya)

2a 1. Wie ist der Titel deiner Doktorarbeit? 2. Max Frisch arbeitete im Architekturbüro seines Freundes. 3. Pipilotti Rist ist
bekannt für die Farbenfreude ihrer Arbeiten. 4. Das Thema
unserer Sendung ist Multimedia-Kunst. 5. Der Vorname eures
Sohns ist wirklich ungewöhnlich. 6. Die Klarheit ihrer Designs
machen diese Gebäude so attraktiv.

2b meiner Kurskollegen, ihrer Kultur, ihrer Natur, ihrer Küche,
meines Deutschlehrers, meiner Kindheit, deines Schweizer
Lieblingsautors, seines Theaterstücks, meines kleinen Bruders,
seiner „Karriere"

3a 1. r, 2. f, 3. f, 4. r, 5. f, 6. r

3b 1. Rösti ist das Leckerste, was es gibt. 2. Das Einzige, was
sie gestört hat, waren die hohen Preise. 3. Die Mieten sind
das, was das Leben in Zürich so teuer macht. 4. Er hat nicht
verstanden, was die Kellnerin gesagt hat. 5. Wir konnten beide
ein bisschen Englisch, was uns gerettet hat.

4a   1B, 2A

4b   1. r, 2. f, 3. r, 4. r, 5. f

5b   1. +, 2. -, 3. -, 4. +, 5. -

6   1. sachlich 2. neblig 3. zufällig 4. nachdenklich 5. höflich 6. deutlich 7. eklig 8. gruselig 9. zusätzlich 10. langweilig 11. eigentlich 12. damalig

7a   1a, 2a, 3a, 4b, 5b

7b   D

7c   1. In der Kramgasse steht ein Haus, in dem / wo Albert Einstein zwei Jahre gewohnt hat. 2. In Bern gibt es viele schöne Cafés, in denen / wo man leckere Hörnchen essen kann. 3. Wie heißt der Platz, auf dem / wo das Bundeshaus steht? 4. Die Brücke führt zum anderen Ufer, an dem / wo der Bärenpark liegt. 5. Die Altstadt hat viele kleine Gassen, in denen / wo es die schönsten Läden gibt. 6. Dieser hübsche Fluss ist die Aare, auf der man auch Boot fahren kann.

8   *falsch:* 1. mal nicht 2. denn!, denn toll., doch? 3. denn mal, mal 4. denn, denn, ja mit!

PT 14

Lesen

1   1. b, 2. a, 3. a, 4. c

Hören

1   1. f, 2. b, 3. r, 4. c, 5. f, 6. b, 7. r, 8. a, 9. r, 10. a

2   a. 2, b. 4, c. 3, d. 5, e. 1

Schreiben

1   Hallo, ich bin der Tim. | Ist bei Ihnen das Wetter auch so schlecht? | Ich finde Sie toll und will Sie kennenlernen.

2   Ich rufe bald mal an. | Ich habe immer Zeit, und Sie? | Ich komme am 15. Februar um halb vier bei Ihnen vorbei, das passt doch sicher, oder?

3   *zum Beispiel:* 1. Könnten Sie mich kurz anrufen? 2. Leider müssen wir den Termin verschieben. 3. Ich würde mich freuen, wenn Sie Zeit für ein Gespräch hätten. 4. Es wäre schön, wenn Sie mir einige Fragen beantworten könnten.

4   *zum Beispiel:*
      Sehr geehrte Frau Dr. Schweighöfer-Wolff,
      ich schreibe Ihnen, weil ich mich für Ihre Arbeit interessiere. Ich studiere Germanistik in Tübingen und schreibe für unsere Campuszeitung. Zurzeit planen wir einen Artikel über den Alltag von Politikerinnen. Ich würde mich freuen, wenn Sie bereit wären, mir einige Fragen zu beantworten, und mir einen

Termin für ein Telefongespräch vorschlagen könnten.
Vielen Dank im Voraus und herzliche Grüße
Ritva Heikinnen

29

1a   1. tonnenschwer 2. hundemüde 3. messerscharf 4. zuckersüß 5. haushoch 6. eiskalt 7. bildschön

1b   1. hundemüde 2. eiskalt 3. bildschöne 4. messerscharf 5. tonnenschwer 6. kilometerlangen 7. haushoch

2   A: moderneres, schöneres, größeren, besten; B: neusten, coolsten, tollsten, besten, günstigsten; C: leckersten, besten, glücklichen, kreativstes; D: frischeren, kräftigere, besseren, Besten

3a   obwohl, denn, Nachdem, dadurch, Aber, wie, sondern, dass, und, Als, Seit, Weil, Trotzdem, um

3b   1b, 2a, 3c, 4a, 5c

4   *zum Beispiel:* Kopfschmerzen, Bauchschmerzen, Zahnschmerzen, Augenschmerzen, Halsschmerzen, Rückenschmerzen, Herzschmerzen, Beinschmerzen, Fußschmerzen

5a   11-9-5-1-7-3-4-12-2-8-6-10

6a   Was fehlt Ihnen denn? | Dann möchte ich zuerst Ihre Temperatur messen. | Nehmen Sie Medikamente? | Hier ist das Rezept. | Brauchen Sie eine Arbeitsunfähigkeitsbescheinigung? | Gute Besserung!

6b   1c, 2d, 3f, 4e, 5a, 6b

6c   1. Kurt weiß nicht, was ihm fehlt. 2. Aber er kann sich nicht mit Hans treffen. 3. Die Lutschtabletten helfen nicht besonders gut. 4. Weil es nicht besser wird, muss Kurt zum Arzt. 5. Kurt hat keine Lust, im Bett zu bleiben. 6. Aber der Arzt empfiehlt ihm, nicht ins Büro zu gehen. 7. Zum Glück hat Kurt kein extrem hohes Fieber.

7a   Recycling gibt es schon lange. Es bedeutet, dass vor allem Glas, Papier, Plastik und Metall getrennt gesammelt werden. Dann werden die Materialien bearbeitet. Aus Papier wird wieder Papier, aus Plastik wird wieder Plastik hergestellt. Beim Upcycling werden aus alten Gegenständen neue gemacht. Auch das ist nichts Neues. Früher hat man viele alte Dinge wiederverwendet. In ärmeren Ländern werden auch heute noch aus alten Materialien neue Produkte gestaltet. Aber auch in unserer „Wegwerfgesellschaft" kommt Upcycling immer mehr in Mode. So entstehen zum Beispiel aus alten Kisten oder Flaschen neue Möbel. Vor allem in der Mode hat man die kreativen Möglichkeiten des Upcycling entdeckt. Aus einem alten Kleid wird z. B. eine Bluse und aus alten Autoreifen eine Tasche produziert.

7b

3. Person Singular	3. Person Plural
wird produziert	werden bearbeitet
	werden gemacht
	werden gestaltet

8a Zuerst wird eine weiche Banane mit 2 Eiern und 40 ml Milch gut gemischt. 1 Messerspitze Salz und 2 Teelöffel Honig werden zugegeben. Für einen Pfannkuchen werden 3 Löffel der Mischung in Butter gebraten. Die Pfannkuchen werden mit Schoko- oder Nusscreme gegessen.

9a ein Geschäft für Upcycling-Produkte

9b wurde … gegründet, wurde … produziert, wurde … vergrößert, wurde … gegeben, gestaltet wurden

9c 1. Wir haben unser Unternehmen 2014 gegründet. 2. 2016 haben wir das Angebot vergrößert. 3. Wir geben ihnen ein ganz neues Gesicht und oft auch eine neue Funktion.

10 1.die Klasse 2. der Rasierapparat 3. das Waschmittel
4. die Grippe 5. auffallen 6. herstellen 7. die Lutschtablette
8. schaffen 9. trennen 10. das Gestell 11. der Glücksfall
12. wasserdicht

11 1c, 2b, 3c, 4a

30

1a 1. die Karotte 2. das Salz 3. die Traube(n) 4. die Gurke
5. die Himbeere(n) 6. die Zwiebel 7. die Zitrone 8. der Pfeffer
10. der Knoblauch 11. die Erdbeere(n) 12. die Ananas
13. die Kirsche(n) 14. die Paprika

1b *Obst:* die Traube, die Himbeere, die Zitrone, die Ananas, die Kirsche; *Gemüse:* die Karotte, die Zwiebel, die Paprika; *Kräuter und Gewürze:* das Salz, der Pfeffer, der Knoblauch

2b 1b, 2a, 3c, 4c, 5a

2c Futur: 3; Passiv: 4, 5; Vollverb: 1, 2

2d 1. Nein, sie wird in Stücke geschnitten. 2. Sie werden in drei Wochen einen Imbiss eröffnen. 3. Ich werde immer bei Solveig und Frido essen. 4. Ja, Schnitzel zum Beispiel wird in Australien mit Sauerkraut angeboten. 5. Das geht leider nicht, es wurde 2018 geschlossen.

3 1. Werner wundert sich, dass ich mich für eine Weiterbildung bewerben will. „Warum denn, Boris, du bist doch bald sechzig?", fragt er. Aber ich will wieder arbeiten, wenigstens ein paar Tage in der Woche. Mein Leben ist noch nicht vorbei.

2. Lisa, bringst du bitte vom Markt ein Kilo Kartoffeln und fünfhundert Gramm Karotten mit? Haben wir noch Paprika

und Knoblauch zu Hause? Ich möchte ein leckeres Gericht mit Linsen kochen, schön scharf gewürzt mit Curry. Und zum Dessert gibt es Heidelbeeren mit griechischem Joghurt.

3. Hier, schaut mal, ein Foto von euch drei Mädchen im Schnee. Ist das nicht schön? Das Licht und die Landschaft in den Schweizer Bergen sind echt fantastisch. Uschi, es war nicht leicht, dich zum Lächeln zu bringen. Du hattest schlechte Laune, und du wolltest, dass ich das Foto lösche, erinnerst du dich? Das wäre wirklich schade gewesen.

4. Hör mal, Liebling, bist du mir immer noch böse? Weil ich gestern früh vergessen habe, Frau Müller von dir zu grüßen? Das ist doch nicht so schlimm. Das stört sie bestimmt überhaupt nicht, sie kennt dich doch und weiß, dass du nie unhöflich bist. Komm, gib mir ein Küsschen.

4a *zum Beispiel:*
Folie 1: meine Erfahrungen + Beispiele; in meiner Heimat; Vor- + Nachteile, meine Meinung; Schluss: … ;
Folie 2: Fragen?

5a irgendwer, irgendwann, irgendwie, irgendwas, irgendwo, irgendwer

PT 15

Lesen

1 1. b, 2. c, 3. c

Hören

1 1. r, 2. r, 3. f, 4. f, 5. r, 6. f, 7. r

Schreiben

1 *zum Beispiel:*
Ich denke … / Ich glaube … / Ich meine … / Meine Meinung ist, dass …
Darum … / Deswegen … / Aus diesem Grund … / … nämlich … / … , denn …

Modelltest

Lesen, Teil 1

1. f, 2. f, 3. r, 4. r, 5. f, 6. f

Lesen, Teil 2

7. b, 8. a, 9 a

Lesen, Teil 3

13. G, 14. X, 15. E, 16. B, 17. I, 18. J, 19. A

Lesen, Teil 4

20. ja 21. nein 22. nein 23. ja 24. nein 25. nein 26. ja

Lesen, Teil 5

27. a, 28. a, 29. b, 30. b

Hören, Teil 1

1. r, 2. a, 3. f, 4. a, 5. f, 6. b, 7. f, 8. c, 9. r, 10. b

Hören, Teil 2

11. a, 12. a, 13. b, 14. c, 15. a

Hören, Teil 3

16. f, 17. f, 18. f, 19. r, 20. f, 21. r, 22. f

Hören, Teil 4

23. b, 24. c, 25. c, 26. b, 27. a, 28. c, 29. b, 30. c

Schreiben, Teil 1

zum Beispiel:

Hallo Seckou,

wir wollen ja am Wochenende einen Ausflug machen. Also, ich habe gedacht, wir könnten nach Straßburg fahren. Ich würde dir gern das Münster und die Altstadt zeigen. Und jetzt ist dort auch schon Weihnachtsmarkt, da könnten wir Geschenke einkaufen und Spezialitäten aus der Region probieren. Wollen wir am Samstag fahren? Das wäre mir lieber als Sonntag, denn am Montag habe ich Frühschicht. Wäre dir das recht? Und ich meine, wir sollten die Bahn nehmen, dann können wir beide auf dem Weihnachtsmarkt etwas trinken, wenn wir wollen.

Schreib mir doch kurz, ob du einverstanden bist. Ich freue mich schon!

Pavel

Schreiben, Teil 3

zum Beispiel:

Hallo Herr Yilmaz,

hätten Sie Zeit, sich mein Wohnzimmerfenster mal anzusehen? Man kann es nicht mehr richtig schließen, ich glaube, es ist kaputt. Es wäre schön, wenn Sie bald vorbeikommen könnten, denn ich wohne ja im Erdgeschoss, und da habe ich Angst, dass meine Wohnung so nicht sicher ist. Geht das? Ich bin morgen den ganzen Tag zu Hause.

Vielen Dank im Voraus!

Yvette Bourdain

Lesen

Lesen, Teil 1

Lesen Sie den Text und die Aufgaben 1 bis 6 dazu. Wählen Sie: Sind die Aussagen Richtig oder Falsch ?

Liebe Judith,

endlich habe ich mal wieder Zeit, dir zu schreiben. Wie geht es dir? Wie gefällt dir deine neue Stelle? Ich hoffe, es ist alles so, wie du es dir wünschst!

Bei mir war in letzter Zeit einiges los, deshalb hatte ich leider auch keine Zeit, mich bei dir zu melden. Du weißt ja, dass meine Schwester Liane umgezogen ist, sie wohnt jetzt ganz in der Nähe von mir und nicht mehr drei Autostunden entfernt wie früher. Den Umzug hat sie von einer Firma machen lassen und das war auch alles super. Aber direkt nach dem Umzug hat es einige Probleme gegeben: Erst war ihre Waschmaschine kaputt und sie kann sich im Moment keine neue leisten. Also kam sie zweimal die Woche zu mir zum Waschen. Dann hatte sie neue Möbel gekauft und konnte sie nicht aufbauen – sie kann leider nicht so gut mit Werkzeug umgehen. Also habe ich die Möbel aufgebaut und mir dabei leider an der rechten Hand ziemlich wehgetan. Beim Arzt habe ich Schmerztabletten und einen dicken Verband bekommen und konnte deshalb eine Woche nicht schreiben, weder am Computer noch mit der Hand. Das war ziemlich blöd, weil ich nicht einmal Einkaufszettel schreiben konnte. Na ja, ich dachte natürlich, dann kann meine Schwester mir helfen – aber die hatte dann keine Zeit, weil sie ganz dringend mit Freunden wegmusste, statt mir beim Einkaufen zu helfen. Du kannst dir vorstellen, dass ich ziemlich sauer war.

Ich hoffe, dass es jetzt wieder etwas ruhiger wird, zumindest bis nächsten Monat. Dann haben unsere Eltern Goldene Hochzeit und wollen groß feiern. Meine Schwester und ich organisieren das, und ich hoffe, Liane hilft mir diesmal wirklich. Die Feier soll im Tanzverein stattfinden, wo unsere Eltern seit vielen Jahren Mitglied sind, das heißt, einen Raum haben wir schon mal und Musik auch. Aber kennst du vielleicht einen guten Partyservice in unserer Stadt? Oder hast du Ideen, wie man mit wenig Geld einen Raum dekorieren kann? Das wäre super!

Bis ganz bald und viele Grüße!
Francesca

Beispiel

0 Judith hat den Arbeitsplatz gewechselt. ~~Richtig~~ Falsch

1 Liane sucht zurzeit eine neue Wohnung. Richtig ~~Falsch~~

2 Francesca hat sich verletzt, als sie Möbel transportiert hat. Richtig ~~Falsch~~

3 Francesca bekam keine Unterstützung von Liane, als sie krank war. ~~Richtig~~ Falsch

4 Lianes und Francescas Eltern haben bald ein Jubiläum. ~~Richtig~~ Falsch

5 Francesca sucht noch eine Band für die Feier. Richtig ~~Falsch~~

6 Francesca bittet Judith, ihr beim Kochen für die Feier zu helfen. Richtig ~~Falsch~~

Darüber steht nichts im

Lesen, Teil 2

Lesen Sie den Zeitungsartikel und die Aufgaben 7 bis 9 dazu.
Wählen Sie bei jeder Aufgabe die richtige Lösung a , b **oder** c .

Hinweis: In der Prüfung bekommen Sie zwei Zeitungsartikel mit jeweils drei Aufgaben.
Den zweiten Text und die Aufgaben 10 bis 12 finden Sie online unter www.klett-sprachen.de/dafleicht.

Mehr Ausbildungsplätze?

Die Bundesregierung hat ein Programm für mehr Ausbildungsplätze angekündigt. Aktuell fehlen diese vor allem im Bereich Pflege, sagte Regierungssprecher Martin Hauser. „Wir wollen die Ausbildung zur Pflegekraft stärker unterstützen", betonte Hauser. „In Zukunft werden mehr Pflegekräfte gebraucht, deshalb ist es wichtig, schon jetzt genug Ausbildungsplätze zu haben."

Aber nicht nur in der Pflege, sondern auch im Handwerk oder im Bereich Erziehung fehlen Ausbildungsmöglichkeiten. Damit die Firmen mehr Ausbildungsplätze anbieten, sollen sie durch das Programm finanzielle Unterstützung bekommen. Wer keine oder zu wenige Plätze anbietet, soll Strafen zahlen. Frank Dieterichs vom Interessenverband Auszubildender sagt dazu: „Es fehlen Ausbildungsplätze, weil viele Betriebe denken, dass Ausbildung nur Zeit und Geld kostet. Aber sie vergessen, dass sie die Lehrlinge für die Zukunft der Firma brauchen."

Laut einer Umfrage ist es für die meisten Schülerinnen und Schüler sehr wichtig, überhaupt einen Ausbildungsplatz zu bekommen, das muss gar nicht in ihrem Traumberuf sein. Schülersprecherin Tanja Holzer meint: „Wichtig ist für die meisten, dass man erst mal einen Ausbildungsplatz hat und dann in zwei oder drei Jahren einen Berufsabschluss. Wenn man danach in einem anderen Beruf arbeiten möchte, kann man das noch immer probieren. Aber ohne Ausbildung hat man heute keine Chance auf einen guten Arbeitsplatz."

Beispiel

0 Martin Hauser

a denkt, dass man in ein paar Jahren weniger Pflegekräfte benötigt als heute.

☒ erklärt, warum aktuell mehr Ausbildungsplätze in der Pflege nötig sind.

c macht gerade eine Ausbildung zur Pflegekraft.

7 Das Programm der Regierung ist für

a Auszubildende zur Pflegekraft.

☒ Firmen in allen Bereichen.

c Firmen, die bis jetzt keine Auszubildenden haben.

8 Herr Dieterichs denkt, dass

☒ Auszubildende auch für die Firmen wichtig sind.

b Auszubildende für Firmen zu teuer sind.

c Firmen genug Ausbildungsplätze anbieten.

9 Viele Schülerinnen und Schüler

☒ bekommen ohne Ausbildung keine gute Stelle.

b finden es wichtig, im Wunschberuf zu arbeiten.

c müssen mehrere Jahre auf einen Ausbildungsplatz warten.

Lesen, Teil 3

Lesen Sie die Situationen 13 bis 19 und die Anzeigen A bis J. Welche Anzeige passt zu welcher Situation? Sie können jede Anzeige nur einmal verwenden. Die Anzeige aus dem Beispiel können Sie nicht mehr verwenden. Für eine Situation gibt es keine passende Anzeige. In diesem Fall schreiben Sie X.

Beispiel

0   Miryam möchte ihr altes Auto verkaufen.   Anzeige: *F*

13   Emre möchte wissen, welche Autoversicherung einen guten Kundenservice hat.   Anzeige: *G*
     D ist Werbung für eine Autoversicherung, aber über den Kundenservice steht nichts in der Anzeige.

14   Rudi möchte ein gebrauchtes Auto kaufen.   Anzeige: *X*
     Es gibt keine Anzeige, in der gebrauchte Autos angeboten werden (in F werden gebrauchte Autos gesucht).

15   Gregor möchte das alte Fahrrad seiner kleinen Tochter verkaufen oder verschenken.   Anzeige: *E*
     Um Fahrräder geht es in mehreren Anzeigen, aber nur in E werden gebrauchte Kinderräder gesucht.

16   Solveig möchte wissen, welche Versicherung sie für ihre drei Fahrräder braucht.   Anzeige: *B*
     Um Fahrräder geht es in mehreren Anzeigen, aber um Fahrradversicherungen nur in B.

17   Klaas möchte seiner 8-jährigen Nichte ein neues Fahrrad schenken.   Anzeige: *I*
     Um Fahrräder geht es in mehreren Anzeigen, aber nur in I werden Kinderfahrräder angeboten.

18   Huda möchte wissen, ob sie später als Rentnerin genug Geld hat.   Anzeige: *J*
     C und H sind Werbeanzeigen für Geldanlagen, aber Huda möchte sich nur über ihre finanzielle Situation informieren.

19   Ilias möchte in einer fremden Stadt ein Fahrrad leihen und sucht Informationen.   Anzeige: *A*
     Um Fahrräder geht es in mehreren Anzeigen, aber nur A bietet Mieträder in anderen Städten an.

A
Überall mobil!
Sie möchten auch in anderen Städten Fahrrad fahren?
D-A-CH-Rad bietet in 140 Städten in Deutschland, Österreich und der Schweiz Fahrräder zur Miete!
Kostengünstig und umweltfreundlich – gern schicken wir Ihnen unsere kostenlose Broschüre. E-Mail: dachrad.com
— 19

B
Ihr Auto oder Motorrad ist gut versichert? Prima!
Aber was ist mit Ihrem Fahrrad? Auch hier sind Versicherungen wichtig. Sprechen Sie uns an! Wir prüfen, ob Sie bereits die richtigen Versicherungen haben. Achtung: Wir ermitteln nur Ihren Bedarf – wir vergleichen keine Versicherungen oder Tarife!
R. Schulte, unabhängiges Beraterbüro Köln Tel. +49 221 1230987
— 16

C
AktivPlus, unser neues Sparprogramm
Sie können auch kleine Summen sparen!
• Dauer: Sie erhalten Ihr Geld plus Zinsen nach zehn Jahren zurück.
• Vorteil: Sie erhalten beste Zinsen durch lange Laufzeit.
Sprechen Sie mit uns!
Sparida Bank, Basel • E-Mail: info@sparida.ch

D
Zufrieden mit Ihrer Autoversicherung?
Wechseln Sie jetzt zur TOP Sekur! Unabhängige Preisvergleiche zeigen: Wir sind die Günstigsten. Sprechen Sie mit uns und lassen Sie sich überzeugen!
TOP Sekur Versicherungsgesellschaft Tel.: +49 1805 710099

E
Machen Sie die Kinder der Welt mobil!
Wir suchen ständig gebrauchte Kinderräder für Kinder in ärmeren Ländern! Rufen Sie uns an – wir holen das Fahrrad ab. Gern auch defekte Räder.
Klein-aber-mobil e.V. Tel. +43 1 6290918
— 15

F
Wir suchen Gebrauchte! Für Ihr altes Auto zahlen wir Höchstpreise in bar. Alle Marken, gern mit Extras. Beste Bezahlung – fragen Sie uns! Abholung auch am Wochenende oder werktags nach 18 Uhr möglich.
Mehr Infos: gebrauchte@topkfzmarkt.eu

G
Sie suchen die optimale Autoversicherung?
Wir helfen Ihnen bei der Suche – kostenlos und unabhängig!
Der Preis ist nicht alles, bei Autoversicherungen zählt auch der Service: Können Sie Ihre Versicherung rund um die Uhr anrufen?
Verstehen Sie alle Unterlagen? Wir finden für Sie die beste Versicherung!
Unabhängige Beratung Thomas Prenzel E-Mail: tprenzel@topberatung.eu
— 13

H
Geldanlage zu TOP Konditionen!
Mit uns sparen Sie – aber nicht an den Zinsen!
• monatliche Sparrate (auch kleine Beträge) • die höchsten Zinsen am Markt • Laufzeit mindestens zwei Jahre
FiBa München – die Bank Ihres Vertrauens
www.@fibamuenchen.de

I
Für die Mobilität von morgen!
• *höchste Sicherheit* • *bester Fahrkomfort* • *5 Jahre Garantie*
Große Auswahl an Fahrrädern für Kinder zwischen 5 und 15 Jahren. Besuchen Sie uns: Fahrrad-Klencke, Grünewaldstr. 2, 27834 Hamburg Tel. +49 40 506070
— 17

J
Zufrieden in die Rente!
Denken Sie rechtzeitig an die Zeit nach dem Berufsleben: Wir prüfen für Sie, ob Sie auch als Rentner finanziell ausreichend versorgt sind. Damit Sie sich auch im Alter Ihre Wünsche erfüllen können. Diese Beratung ist für Sie kostenlos!
Zögern Sie nicht und vereinbaren Sie noch heute einen Termin!
Beratung für alle e.V. Tel. +49 711 1629900
— 18

Lesen, Teil 4

Lesen Sie die Texte 20 bis 26. Wählen Sie: Ist die Person dafür, zum Geburtstag Haustiere zu verschenken?

Beispiel

0 Rudi   Ja   ~~Nein~~

20 Ulla   ~~Ja~~   Nein

21 Dominik   Ja   ~~Nein~~

22 Thomas   Ja   ~~Nein~~

23 Elvira   ~~Ja~~   Nein

24 Olga   Ja   ~~Nein~~

25 Christian   Ja   ~~Nein~~

26 Emanuel   ~~Ja~~   Nein

Beispiel Ich liebe Haustiere, und ich bin auch mit Katzen und Kaninchen groß geworden. Meiner Meinung nach ist es gut, wenn Kinder mit Haustieren aufwachsen, aber sie sollten Tiere auch respektieren. Deswegen finde ich es problematisch, Tiere einfach so als Geschenk mitzubringen. Dann denken die Kinder vielleicht, dass man Haustiere wie ein Spielzeug behandeln kann. *Rudi (51)*

20 Das ist ein interessantes Thema. Tatsächlich habe ich selbst eine Katze zu meinem achten Geburtstag bekommen, und ich erinnere mich noch gut daran. Viele Leute meinen ja, dass man Tiere nicht verschenken sollte, und ich kann auch einige Argumente verstehen, aber für mich war das eine tolle Erfahrung, und es war auch klar, dass ich mich um die Katze kümmern muss. Wenn man das so macht, ist das doch eine gute Sache, finde ich. *Ulla (30)*

21 Eine schwierige Frage. Ich habe eine dreijährige Tochter und ich möchte schon, dass sie lernt, mit Tieren umzugehen. Aber ich finde, man kann dann auch erst mal in den Tierpark gehen – Haustiere sind zwar schön, aber eine große Verantwortung für viele Jahre. Das finde ich problematisch. *Dominik (27)*

22 Meine Brüder und ich wollten als Kinder unbedingt einen Hund haben, und nach ein paar Jahren war es auch soweit: Ich glaube, wir waren 10, 8 und 7 Jahre alt, als wir unseren Struppi bekamen. Dann war es aber so, dass bei Regen keiner von uns raus wollte und unsere Eltern alles machen mussten. Deshalb ist das für meine Kinder kein Geschenk. *Thomas (42)*

23 Meine siebenjährige Tochter hat so lange gefragt, bis ich ihr endlich einen Vogel zum Geburtstag geschenkt habe. Ich fand die Idee ja nicht so toll und dachte, dass ich mich dann um das Tier kümmern muss. Aber da habe ich falsch gedacht. Meine Tochter kümmert sich super um den Vogel und jetzt sehe ich das wirklich sehr positiv. *Elvira (36)*

24 Bei Kindern war ich mir schon ziemlich sicher, dass Haustiere keine gute Idee sind. Aber vor ein paar Wochen habe ich meiner Tante zum 48. Geburtstag eine Katze geschenkt. Und jetzt hat sie schon keine Lust mehr, sich um die Katze zu kümmern. Also, unabhängig vom Alter werde ich in Zukunft andere Geschenke aussuchen! *Olga (22)*

25 Also, die Vorstellung, dass man ein Tier wie eine Sache verschenkt, finde ich schwierig. Ich hatte Fische, als ich klein war, aber die habe ich selbst im Zoogeschäft gekauft und auch von meinem Taschengeld bezahlt. Das finde ich okay, dann kümmert man sich eher um die Tiere. *Christian (16)*

26 Leider habe ich keine Haustiere, obwohl ich als Kind gern welche gehabt hätte – wie fast jedes Kind, glaube ich. Die Kinder der Nachbarn hatten aber Hunde und Katzen und sogar Kaninchen. Zum Glück konnte ich sie immer besuchen. Und jeder hat Aufgaben übernommen und viel dabei gelernt. Das ist doch super. *Emanuel (28)*

Lesen, Teil 5

Lesen Sie die Aufgaben 27 bis 30 und den passenden Textabschnitt.
Wählen Sie bei jeder Aufgabe die richtige Lösung a , b oder c .

Sie haben einen neuen Drucker gekauft und lesen die Gebrauchsanweisung.

27 Man soll

Falsche Reihenfolge: Das Kabel wird zuerst am Drucker angeschlossen.

a das Gerät nicht in die S...

b zuerst das Kabel mit ...

Die Sprache wird am Drucker gewählt, nicht am Computer.

c zuerst die Sprache am Computer auswählen.

28 Sollte es Störungen geben,

Dort gibt es nur Tipps zur Arbeit mit Fotos.

a findet man in der Anleitung Tipps zur Lösung.

b gibt es auf der Internetseite weitere Hilfe.

c muss man auf jeden Fall den Kundenservice anrufen.

Das steht nicht im Text.

29 Man kann am Gerät einstellen,

Nein, darüber muss man sich online oder beim Kundenservice informieren.

a dass man ein Fax üb...

b wie oft man etwas k...

Die Druckqualität wird am Computer gewählt, nicht am Drucker.

c in welcher Qualität gedruckt werden soll.

30 Zur Lieferung gehört

Das Faxkabel gehört nicht zum Lieferumfang.

a ein Kabel für das Fax.

b ein Programm, um Fotos zu bearbeiten.

c eine Packung Briefumschläge zum Bedrucken.

Davon steht nichts im Text.

Multifunktionsdrucker Roxy M1200

Lieferumfang

Ihren neuen Multifunktionsdrucker können Sie als Drucker, Kopierer und Fax verwenden. Dem Karton liegen ein Netzkabel, ein USB-Kabel, eine Software zur Bildbearbeitung sowie 50 Blatt Fotopapier bei. Beachten Sie, dass Sie für die Verwendung als Faxgerät ein gesondertes Kabel benötigen, das nicht zum Lieferumfang gehört. — 30

Aufstellen und Inbetriebnahme

Stellen Sie das Gerät an einem trockenen Platz und möglichst nicht im direkten Sonnenlicht auf. Schließen Sie das Netzkabel zuerst am Gerät an, stecken Sie es danach in die Steckdose. Verbinden Sie das Gerät über das USB-Kabel mit Ihrem Computer. Stellen Sie am Drucker die Sprache ein (Taste 3). — 27

Funktionen

Um den Drucker zu verwenden, drücken Sie Taste 1 an Ihrem Gerät. Wählen Sie am Computer Papierformat, Druckqualität und Anzahl der Ausdrucke.

Wenn Sie Kopien machen wollen, legen Sie zuerst das Dokument ein, das Sie kopieren möchten.

29 — Verwenden Sie Taste 2, um die Anzahl der Kopien einzustellen, anschließend bestätigen Sie mit der Taste „OK".

Für die Verwendung als Faxgerät erhalten Sie weitere Hinweise auf unserer Internetseite oder über den Kundenservice.

Wartung und Service

Verwenden Sie zur Reinigung des Geräts ein trockenes Tuch. Sollten Sie das Gerät längere Zeit nicht verwenden, raten wir, den Netzstecker zu ziehen.

28 — Bei Fehlermeldungen nutzen Sie unsere Hinweise zur Problembehebung am Ende der Gebrauchsanleitung. Zusätzliche Programme und Tipps zum Bearbeiten und Verwalten Ihrer Fotos finden Sie auf unserer Internetseite. Unser Kundenservice berät Sie gern.

Hören Track 42

Hören, Teil 1

Sie hören nun fünf kurze Texte. Sie hören jeden Text zweimal. Zu jedem Text lösen Sie zwei Aufgaben.
Wählen Sie bei jeder Aufgabe die richtige Lösung. Lesen Sie zuerst das Beispiel. Dazu haben Sie 10 Sekunden Zeit.

Beispiel

01 Heute können nicht alle Flugzeuge starten.   ~~Richtig~~   Falsch

02 Der Flug nach Prag
- a fällt heute aus.
- b sollte um halb zehn starten.
- ~~c~~ startet ungefähr um 13.30 Uhr.

1 Sie hören Veranstaltungstipps.   ~~Richtig~~   Falsch ← *Sie hören: „Musik und Tanz", „Eintritt frei", „Stadtkino" und Uhrzeiten.*

2 Das Kino   *Sie hören: „In vier Sälen werden aktuelle Filme gezeigt, heute sogar für den halben Eintritt."*
- ~~a~~ hat heute günstigere Preise.
- b öffnet heute Nachmittag um vier Uhr.
- c wird heute noch renoviert.

3 Franz ruft wegen eines Fußballspiels an.   Richtig   ~~Falsch~~ ← *Franz spricht über die Feier am nächsten Samstag. (Er hat Ingo nicht beim Fußballtraining gesehen, deshalb ruft er ihn an.)*

4 Ingo soll   *Sie hören: „ … kannst du auch die Luftballons mitbringen?" Bei der Feier gibt es schon Musiker, und das Essen macht ein Partyservice.*
- ~~a~~ etwas für die Dekoration mitbringen.
- b am Samstag Musik machen.
- c zusammen mit den anderen kochen.

5 Sie hören Angebote für Restaurants.   Richtig   ~~Falsch~~ ← *Sie hören „Kleidung", „Schmuck", „Mode" etc.*

6 Man kann   *Sie hören: „Ketten und Ringe gibt es ab kommendem Monat auch bei „J & O." Schuhe sind schon heute billiger. Jacken gibt es ab 19,99 Euro, aber nicht zwei davon.*
- a ab morgen bei „J & O" auch günstig Schuhe kaufen.
- ~~b~~ bald bei „J & O" auch Schmuck kaufen.
- c heute bei „J & O" zwei Jacken für 19,99 Euro kaufen.

7 Die Mitarbeiter machen einen Ausflug zur Feuerwehr.   Richtig   ~~Falsch~~   *Sie hören: „ … morgen wird die Feuerwehr in unsere Firma kommen".*

8 Morgen   *Sie hören: „Wir bitten aber alle, schon um zehn vor elf da zu sein, weil die Geschäftsführung noch unseren Kollegen aus der Buchhaltung, Herrn Johansson, offiziell in die Rente verabschieden möchte."*
- a findet eine Informationsveranstaltung zur Rente statt.
- b gibt es nach der Veranstaltung eine Feier für einen Mitarbeiter.
- ~~c~~ sollen sich alle schon vor Beginn der Veranstaltung versammeln.

9 Christine und Tom sind Kollegen.   ~~Richtig~~   Falsch   *Sie hören: „Leider haben wir ja diese Woche unterschiedliche Schichten und sehen uns dann nicht in der Firma."*

10 Tom   *Sie hören: „Sonntag muss ich leider arbeiten. Vielleicht können wir uns für ein anderes Wochenende verabreden?"*
- a möchte am Wochenende mit Christine essen gehen.
- ~~b~~ muss das Treffen verschieben.
- c zieht am Wochenende um.

Hören, Teil 2

Sie hören nun einen Text. Sie hören den Text einmal. Dazu lösen Sie fünf Aufgaben.
Wählen Sie bei jeder Aufgabe die richtige Lösung a , b oder c . Lesen Sie jetzt die Aufgaben 11 bis 15.
Dazu haben Sie 60 Sekunden Zeit.

Sie nehmen an einer Stadtführung durch Neuenburg teil.

11 Was besucht man bei der Stadtführung?

- a Gebäude mit unter:
- b Die Jubiläumsfeier i
- c Ein Fest zum 750. G

Sie hören: „Ich zeige Ihnen heute sowohl die älteren Teile der Stadt als auch die moderneren Gebäude." Das 750-jährige Stadtjubiläum wurde schon letztes Jahr gefeiert.

12 Die Burg

- a war älter als die Sta
- b wird bei der Führun
- c wird von der Stadt

Sie hören: „Als die Stadt vor vielen Jahrhunderten gegründet wurde, stand dort oben auf dem Berg tatsächlich eine kleine Burg."

13 Was ist das Besondere am Rathaus?

- a Es gibt dort keine la
- b Man kann dort in a
- c Man kann in dem G

Sie hören: „ ... ist das Rathaus der zentrale Punkt für alle Fragen und Probleme der Bürger", und es werden mehrere Beispiele genannt.

14 Das Musikfestival

- a findet dieses Jahr nicht statt.
- b hatte in letzter Zeit nicht viele Besucher.
- c kostet keinen Eintritt.

Sie hören: „Es ist für Besucher sogar kostenlos."

15 Das Café Müller

- a bietet eine Spezialität der Stadt an.
- b hat gerade neu e
- c ist die letzte Stat

Sie hören: „Dazu habe ich das „Café Müller" ausgesucht, hier gibt es die berühmte Neuenburger Torte ..."

Hören, Teil 3

Sie hören nun ein Gespräch. Sie hören das Gespräch einmal. Dazu lösen Sie sieben Aufgaben.
Wählen Sie: Sind die Aussagen Richtig oder Falsch ? Lesen Sie jetzt die Aufgaben 16 bis 22.
Dazu haben Sie 60 Sekunden Zeit.

Sie hören in der Straßenbahn ein Gespräch.

16 Klaus war mit seiner Familie drei Wochen im Urlaub. Richtig ~~Falsch~~

Irina sagt: „ ... aber ihr wart ja auch nur zehn Tage weg." Klaus ist seit drei Wochen aus dem Urlaub zurück.

17 Klaus wollte in diesem Urlaub weniger Fotos machen als sonst. Richtig ~~Falsch~~

Klaus sagt: „Ehrlich gesagt wollte ich viel mehr fotografieren, aber meine Frau und die Kinder wollten das nicht ..."

18 Irina macht lieber Urlaub am Meer. Richtig ~~Falsch~~

Irina sagt: „Aber Urlaub in den Bergen ist doch auch super. Ich mag das sogar lieber, als den ganzen Tag am Strand zu liegen."

19 Der älteste Sohn von Klaus mochte die Tiere sehr. ~~Richtig~~ Falsch

Sie hören: - „Sie lieben doch Tiere, oder?" - „Hmm, der Große schon, aber sein kleiner Bruder ..."

20 Die Frau von Klaus lebt in Passau. Richtig ~~Falsch~~

Klaus sagt: „ ... Passau, das ist eine Stadt in Bayern. Da waren wir noch für ein Wochenende, eine Freundin meiner Frau wohnt dort."

21 Irina würde gern mit einem Schiff zu einem anderen Kontinent reisen. ~~Richtig~~ Falsch

Irina sagt: „Ich träume seit Langem von einer Reise mit dem Schiff, am liebsten nach Südamerika oder Asien."

22 Irina hebt Geld auf, um in Zukunft Haushaltsgeräte zu kaufen. Richtig ~~Falsch~~

Irina sagt: „Jetzt spare ich halt wieder und hoffe, dass die anderen Haushaltsgeräte noch länger halten." Sie hatte für die Reise gespart, aber dann das Geld für neue Geräte gebraucht.

Hören, Teil 4

Sie hören nun eine Diskussion. Sie hören die Diskussion zweimal. Dazu lösen Sie acht Aufgaben. Ordnen Sie die Aussagen zu: Wer sagt was? Lesen Sie jetzt die Aussagen 23 bis 30. Dazu haben Sie 60 Sekunden Zeit.

		Moderator	Thomas Müller	Mirjam Becker
Beispiel				
0	Mir tun die Verkäufer am Wochenende leid.	☒ a	b	c
23	An Wochenenden sind die Kunden nicht so in Eile und nicht so nervös. *Er sagt: „… die Kunden sind dann viel entspannter als werktags …"*	a	☒ b	c
24	Vor allem Süßigkeiten werden gern für andere gekauft. *Sie sagt: „Schokolade oder Pralinen, die sind als Geschenk bei Krankenbesuchen natürlich besonders beliebt."*	a	b	☒ c
25	Wenn man es gut organisiert, ist das Einkaufen kein Problem. *Sie sagt: „Wenn ich das gut plane, kann ich ja rechtzeitig einkaufen, eine ganz einfache Lösung."*	a	b	☒ c
26	Manchmal ist die Arbeit wichtiger als die Familie. *Er sagt: „Wir versuchen in unserem Geschäft natürlich auch, darauf Rücksicht zu nehmen, aber manchmal geht das nicht und dann muss jemand am Sonntag Jacken verkaufen statt mit Frau und Kindern in den Zoo zu gehen."*	a	☒ b	c
27	Man denkt, dass man während der Öffnungszeiten unbedingt einkaufen muss. *Er sagt: „Oft meine ich, ich sollte noch in einen Laden gehen, nur weil der gerade offen ist."*	☒ a	b	c
28	Was für manche Leute Stress bedeutet, macht anderen Spaß. *Sie sagt: „Stress ist sehr individuell, das heißt, was eine Person für Stress hält, findet eine andere vielleicht gut."*	a	b	☒ c
29	Man muss sich auch ausruhen. *Er sagt: „Ruhepausen sind wichtig."*	a	☒ b	c
30	Viele Sachen zum Anziehen kaufe ich jetzt schon im Internet. *Sie sagt: „Zum Beispiel kaufe ich ganz viel Bekleidung online."*	a	b	☒ c

Schreiben

Schreiben, Teil 1

Sie möchten nächsten Samstag einen Ausflug machen. Ein Freund von Ihnen möchte gern mitkommen.

- Beschreiben Sie: Wohin wollen Sie und was wollen Sie machen? ← *Beispiel: Straßburg: Münster, Altstadt, Weihnachtsmarkt*
- Begründen Sie: Warum wollen Sie am Samstag fahren? ← *Beispiel: Montag Frühschicht*
- Machen Sie einen Vorschlag, welches Verkehrsmittel Sie nehmen. ← *Beispiel: Bahn*

Schreiben Sie eine E-Mail (circa 80 Wörter). Schreiben Sie etwas zu allen drei Punkten.

Achten Sie auf den Textaufbau (Anrede, Einleitung, Reihenfolge der Inhaltspunkte, Schluss).

Hallo Seckou,

wir wollen ja am Wochenende einen Ausflug machen. Also, ich habe gedacht, wir könnten nach Straßburg fahren. Ich würde dir gern das Münster und die Altstadt zeigen. Und jetzt ist dort auch schon Weihnachtsmarkt, da könnten wir Geschenke einkaufen und Spezialitäten aus der Region probieren. Wollen wir am Samstag fahren? Das wäre mir lieber als Sonntag, denn am Montag habe ich Frühschicht. Wäre dir das recht? Und ich meine, wir sollten die Bahn nehmen, dann können wir beide auf dem Weihnachtsmarkt etwas trinken, wenn wir wollen. Schreib mir doch kurz, ob du einverstanden bist. Ich freue mich schon!

Pavel

Schreiben, Teil 2

Sie haben im Internet einen Artikel zum Thema „Sollen Kinder ein Smartphone haben?" gelesen.
In den Kommentaren zu dem Artikel finden Sie folgende Meinung:

www.kinder-und-erziehung-aktuell.eu	_ ⬚ ✕

Techmum 19.7. 21:44	Ich finde, Kinder müssen lernen, mit moderner Technik umzugehen. Wenn Sie das nicht können, haben sie Nachteile in der Schule und die Freunde lachen. Natürlich sollen sie nicht immer mit dem Smartphone spielen, aber eine Stunde pro Tag finde ich okay.

Schreiben Sie nun Ihre Meinung zum Thema (circa 80 Wörter).

Das Thema „Sollen Kinder ein Smartphone haben" finde ich sehr interessant. Hier möchte ich gern etwas als Kommentar schreiben.

Meiner Meinung nach sollen Kinder ein Smartphone haben, weil das Smartphone eine wichtige Rolle in unserem Leben spielt. Mit dem Smartphone kann man vieles tun. Bei der Arbeit benutzt man das Smartphone, um mit den Kollegen oder den Kunden zu telefonieren. In der Freizeit kann man Musik hören, Filme ansehen und fotografieren. Jetzt werden auch neue Medien oft im Unterricht eingesetzt. Die Schüler können mit dem Smartphone lernen, z.B. gibt es eine Reihe von Lernprogrammen für das Smartphone. Sie können damit Texte lesen, schreiben und hören. Wenn Kinder ein Smartphone hätten, würden Sie automatisch lernen, wie man mit moderner Technik umgeht.

Aber ein Smartphone ist teuer. Manche Familien können es sich nicht leisten, immer das neueste Modell zu kaufen. Außerdem verbringen manche Kinder viel zu viel Zeit mit den Handyspielen. Das sind einige Nachteile, die das Smartphone mit sich bringt.

Schließlich möchte ich sagen, dass die Kinder ein Smartphone haben sollen. Allerdings muss jede Familie selbst wisssen, ob sie für die Kinder ein Smartphone besorgen möchte.

Schreiben, Teil 3

Ein Fenster in Ihrer Mietwohnung ist kaputt.
Schreiben Sie an den Hausmeister, Herrn Yilmaz. Beschreiben Sie die Situation und bitten Sie um Hilfe.
Schreiben Sie eine E-Mail (circa 40 Wörter). Vergessen Sie nicht die Anrede und den Gruß am Schluss.
(Bitte verwenden Sie ein eigenes Blatt für diese E-Mail.)

Hallo Herr Yilmaz,

hätten Sie Zeit, sich mein Wohnzimmerfenster mal anzusehen? Man kann es nicht mehr richtig schließen, ich glaube, es ist kaputt. Es wäre schön, wenn Sie bald vorbeikommen könnten, denn ich wohne ja im Erdgeschoss, und da habe ich Angst, dass meine Wohnung so nicht sicher ist. Geht das?

Ich bin morgen den ganzen Tag zu Hause.

Vielen Dank im Voraus!

Yvette Bourdain

LEKTION 21

Track 1 Seite 6, 7a

Hallo, heute berichten wir von der Berufsmesse in Mannheim. Ihr seid mit der Schule fertig und sucht einen interessanten Beruf? Ich stelle euch heute den Beruf „Hotelfachfrau / Hotelfachmann" vor. Hotelfachleute arbeiten, wie der Name schon sagt, in einem Hotel, aber auch in Restaurants oder Cafés. Die Arbeit ist interessant und man kann in verschiedenen Bereichen mitarbeiten, z.B. in der Küche, im Service, bei Veranstaltungen oder an der Rezeption. Dort ist es besonders wichtig, immer den Überblick zu haben. Du gibst den Gästen alle wichtigen Informationen und löst für die Gäste Probleme.Am häufigsten arbeitet man aber im Service. Das Housekeeping kümmert sich zum Beispiel darum, dass die Hotelzimmer immer gut aussehen. Du machst die Betten und putzt die Zimmer. Die Gäste sollen sich im Hotel ja wohl fühlen. Man muss aber nicht nur für Ordnung sorgen, man gießt zum Beispiel auch die Blumen im Hotel. Wenn du im Restaurant arbeitest, kümmerst du dich zum Beispiel um das Buffet und servierst die Speisen und Getränke. Es muss dir Spaß machen, mit Menschen zu arbeiten, du musst kommunikativ sein, und es ist sehr wichtig, immer freundlich zu sein. Das ist vielleicht nicht immer ganz leicht. Höflichkeit ist aber das Wichtigste in diesem Beruf. Die Berufsaussichten sind sehr gut, aber man muss natürlich auch bereit sein, am Wochenende zu arbeiten. Aber man hat gute Chancen, auch in anderen Ländern einen Job zu finden.

LEKTION 22

Track 2 Seite 10, 1a

1
A: Schau mal, was ich in meiner Fotosammlung gefunden habe.
B: Cool! Sieht das altmodisch aus, wie aus dem Museum! Und guck mal, „Photo" mit PH! Verrückt, dass man früher dort seine Passfotos gemacht hat. Wo hast du den denn fotografiert?
A: Das Foto habe ich gemacht, als ich vor drei Jahren in Berlin war und Matze besucht habe. Er hat mir seine Wohngegend gezeigt und auf dem Weg zurück zu seiner WG habe ich diesen Automaten entdeckt.
B: Und habt ihr ihn ausprobiert?
A: Na klar! Und er hat noch prima Fotos gemacht.
B: Echt? Das will ich sehen! Hast du das Foto noch?
A: Weiß jetzt gerade nicht ... Aber Matze hat auch eins, ich werde dir auf jeden Fall eins schicken.

2
A: Ach, wie süß! Bist du das auf dem Foto, Claudi?
B: Hihi, ja, an meinem ersten Schultag ... Wie hast du mich denn erkannt?
A: Warum, du siehst doch noch fast genauso aus! Du lachst so glücklich auf dem Foto!

B: Ja, ich hab mich total gefreut, dass ich endlich in die Schule darf. Ich hab gedacht: Jetzt bin ich groß, und ich werde alles lernen, was man lernen kann. Ich hatte aber auch ein bisschen Angst. Ich habe mich gefragt: Werde ich Freunde finden? In der Nacht davor konnte ich kaum schlafen.
A: Was hast du denn da im Arm?
B: Das ist meine Schultüte. Kennst du das nicht? In Deutschland bekommen die Kinder am ersten Schultag so eine. Das ist so : eine Art lange, spitze Box aus Papier, voll mit Schokolade, Gummibärchen ...
A: Was? Toll! Bei uns in der Ukraine bekommen wir keine Geschenke, wenn wir zum ersten Mal in die Schule gehen. Aber die Lehrerin bekommt Blumen von uns!
B: Das ist aber auch schön. Und gesünder. Weißt du, am Abend hatte ich Bauchschmerzen, weil ich alle Süßigkeiten aus meiner Schultüte gegessen habe.
A: Ja, ja, typisch ...

3
A: Kannst du dich noch erinnern, wo das war?
B: Aber natürlich, am Strand von Amrum 1991, in unserem ersten gemeinsamen Urlaub. Du wolltest eigentlich in die Berge, aber ...
A: Ja, stimmt! Ich konnte meine Wanderschuhe nicht finden. Aber damals waren wir noch spontan, und du hast gesagt: „Wir können doch auch ans Meer fahren!"
B: Und es war doch auch ein toller Urlaub, oder?
A: Es war einfach wunderbar und so romantisch! Ich erinnere mich noch so gern an unsere langen Spaziergänge am Strand. Bei dem einen Spaziergang haben wir das Bild von uns in den Sand gezeichnet. Erinnerst du dich an die leckeren Fischbrötchen, die wir jeden Tag in dem gemütlichen Strandcafé gegessen haben?
B: Oh ja, die Fischbrötchen! An die kann ich mich gut erinnern, aber nicht mehr an den Namen des Strandcafés.
A: Ich auch nicht. Aber ich habe ihn bestimmt in mein Reisetagebuch geschrieben.
B: Was meinst du, werden wir mal wieder nach Amrum fahren?
A: Au ja!

4
A: Hast du ein Foto von ihr dabei?
B: Na klar. Hier! Das ist Meggie. Das Foto habe ich letzte Woche gemacht, als wir mit Freunden am See waren.
A: Wow, eine wirklich tolle Schwimmerin!
B: Ja, sie hatte so viel Spaß im Wasser. Wir mussten ihr den Ball ständig wieder ins Wasser werfen.
A: Und wie groß sie geworden ist! Ich kann mich noch sehr gut daran erinnern, als du sie aus dem Tierheim geholt hast. Da war sie ja noch ganz klein.
B: Und ich kann mir gar nicht mehr vorstellen, wie mein Leben ohne sie war.
A: Ich glaube, ich werde nächste Woche auch mal ins Tierheim gehen.

Track 3 Seite 12, 4a

1

Na, das ist ja ein Ding! Da hat jemand einen Koffer mit 50.000 Euro gefunden! Und weißt du, wo? Der Koffer hat im Müll gelegen, ein Müllmann hat ihn gefunden. Unglaublich.

2

Das gibt's doch gar nicht! Das ist ja total süß. Ein kranker Hund ist allein zum Tierarzt gekommen! Er hat in der Praxis an der Rezeption gesessen. Der Tierarzt hat ihn erkannt und die Besitzerin angerufen, die ist dann gekommen und hat ihn abgeholt.

3

Was?? Also manche Leute sind echt verrückt … Da sind welche mit einem Schwein in die S-Bahn eingestiegen. Und dann haben sie protestiert, als sie aussteigen sollten. Na, ob das wirklich passiert ist …

Track 4 Seite 17

Schönen guten Abend. Mein Name ist Rüdiger Weymann und ich begrüße Sie herzlich bei der „Neuenheimer Zeitung" zu unserer Informationsveranstaltung über Praktika. Ich freue mich sehr, dass Sie so zahlreich erschienen sind. Ich werde Ihnen zuerst einen Überblick geben – im ersten, dem allgemeinen Teil sage ich Ihnen etwas zu den Vorteilen eines Berufspraktikums und im zweiten …

Track 5 Seite 17

Schönen guten Abend. Mein Name ist Rüdiger Weymann und ich begrüße Sie herzlich bei der „Neuenheimer Zeitung" zu unserer Informationsveranstaltung über Praktika. Ich freue mich sehr, dass Sie so zahlreich erschienen sind. Ich werde Ihnen zuerst einen Überblick geben – im ersten, dem allgemeinen Teil sage ich Ihnen etwas zu den Vorteilen eines Berufspraktikums und im zweiten Teil werde ich Ihnen dann etwas über die Inhalte des Praktikums erzählen, das Sie hier bei uns bei der „Neuenheimer Zeitung" machen können. Danach haben wir dann genug Zeit für ein Gespräch und all Ihre Fragen. Also: Weshalb sind Praktika so nützlich, und welche Möglichkeiten bieten Ihnen Praktika für Ihren weiteren Berufsweg? Während eines Praktikums kann man – wie der Name „Praktikum" ja bereits sagt – praktische Erfahrungen sammeln. Außerdem bietet ein Praktikum beste Möglichkeiten, wichtige berufliche Kontakte zu knüpfen, zu Kollegen und Kolleginnen und auch Vorgesetzten. Dadurch können Sie schon früh Netzwerke aufbauen, die im Berufsleben wichtig sind. Auf jeden Fall sind die Erfahrungen, die Sie während des Praktikums sammeln, später ein großes Plus. Denn viele Firmen suchen nach Mitarbeitern und Mitarbeiterinnen, die schon Berufserfahrung haben. Und wenn Ihr Praktikum erfolgreich war, erinnert man sich in der Firma bestimmt gern an Sie und Sie haben vielleicht sogar die Möglichkeit, eine feste Stelle dort zu bekommen. Ein absoluter Vorteil eines Praktikums ist jedoch, dass Sie danach viel besser wissen, ob Ihnen der Beruf gefällt oder nicht.

So, und damit kommen wir nun schon zu dem Praktikum, das Sie hier bei uns, bei der „Neuenheimer Zeitung", machen können. Viele von Ihnen denken vielleicht spontan, dass Praktikanten bei uns vor allem Kaffee kochen und Kopien machen müssen. Aber keine Sorge, das ist nicht der Fall. Wir haben in der Redaktion eine vollautomatische Kaffeemaschine und alle Mitarbeiterinnen und Mitarbeiter kochen sich ihren Kaffee selbst.
Es kann natürlich sein, dass Sie auch einmal Unterlagen kopieren müssen, aber das wird nicht zu Ihren Hauptaufgaben gehören. Ihre Tätigkeit im Praktikum besteht vor allem darin, dass Sie die Zeitungsartikel, die meine Kolleginnen und Kollegen geschrieben haben, überprüfen – das nennt man „Korrekturlesen". Sie wissen ja, Menschen machen Fehler, und da sind Sie für uns eine große Hilfe, wenn Sie Tippfehler und Rechtschreibfehler entdecken. Natürlich nehmen Sie auch an unseren Redaktionsmeetings teil und dürfen dabei sein, wenn unsere Mitarbeiter und Mitarbeiterinnen Interviews mit Politikern oder anderen wichtigen Personen durchführen. Und Sie lernen die einzelnen Arbeitsschritte in einer Zeitungsredaktion kennen.
Haben Sie dazu jetzt konkrete Fragen? Ja, bitte ….

LEKTION 23

Track 6 Seite 20, 2a

Ich heiße Stefan und möchte Profiradfahrer werden. Seit einem Jahr trainiere ich mit Ingo. Im Moment ist er der wichtigste Mensch in meinem Leben, weil er mich motiviert und unterstützt. Er ist streng, und sein Trainingsprogramm ist ziemlich hart, trotzdem verstehen wir uns wunderbar. Am Anfang konnte ich das nicht verstehen, und ich hatte oft keine Lust. Trotzdem habe ich mitgemacht. Ingo hat mir nämlich klargemacht, dass es ohne harte Arbeit nicht geht.

Track 7 Seite 23, 8

1

A: Wolltest du nicht einen alkoholfreien Cocktail? Soll ich ihn dir holen?
B: Danke, aber die Kellnerin hat ihn mir gerade gebracht.

2

A: Oh nein, Cora hat sich Wein übergegossen! Ihre Bluse ist ganz rot!
B: Nein, das war Mirko, er hat ihn ihr übergegossen. Das ist ihm furchtbar peinlich.

3

A: Woher weiß Manfred, dass ich geschieden bin?
B: Oh, tut mir leid, ich habe es ihm erzählt. Ist das schlimm?

4

A: Wer hat denn Hugo und Lotte diese beiden schrecklichen Bilder geschenkt?

B: Arthur hat sie ihnen mitgebracht, ich glaube, er hat sie selbst gemalt.

5

A: Weißt du, wohin die Hochzeitsreise geht?

B: Nein, aber wir können ja Lotte fragen, sie sagt es uns bestimmt.

Track 8 Seite 23, 9a

Moderator: Mehrgenerationenhäuser werden immer beliebter. Die Menschen werden immer älter und viele Senioren möchten noch aktiv sein. Auf der anderen Seite haben viele Eltern Probleme, für ihre Kinder eine Betreuung zu organisieren. Ein Mehrgenerationenhaus bietet – so wie früher die Großfamilie – dafür eine Lösung. Ich spreche heute mit Herrn Gruber, der mit seiner Frau in einem solchen Haus lebt, und mit Frau Frisch, die von der Stadt angestellt ist, um dabei zu helfen, solche Häuser zu bauen.

Herr Gruber, Sie und Ihre Frau leben seit 3 Jahren in einem Mehrgenerationenhaus. Warum sind Sie eingezogen und wie geht es Ihnen?

Herr Gruber: Wie Sie schon gesagt haben, wir wollten noch aktiv sein. Unsere Kinder leben im Ausland, wir sehen unsere Enkel nicht sehr oft. Wir lieben aber Kinder. In unserem Haus können wir mit ihnen zusammen sein. Ich helfe bei den Hausaufgaben und meine Frau spielt gern mit den Kleinen

Moderator: Aber es ist doch auch anstrengend, wenn die Kinder Lärm machen und man nie Ruhe hat?

Herr Gruber: Es gibt Ruhezeiten, die meistens eingehalten werden. Und wir haben unseren eigenen Bereich. Mit den Kindern beschäftigen wir uns im Gemeinschaftsraum.

Moderator: Stichwort Gemeinschaftsraum. Frau Frisch, Sie beraten Interessierte, wie sie die Häuser bauen sollen. Was ist wichtig?

Frau Frisch: Wichtig ist, dass man die Wohnungen individuell gestaltet. Ältere Menschen brauchen etwas anderes als junge Familien. Und es sollte, wie schon Herr Gruber gesagt hat, Räume geben, die von allen genutzt werden.

Moderator: Wie ist das mit den Kosten?

Frau Frisch: Der Staat und die Stadt helfen, weil beide solche Häuser wichtig finden.

Moderator: Herr Gruber, wer kann denn in so einem Haus leben?

Herr Gruber: Eigentlich jeder. Aber man muss wissen, dass man mit anderen Menschen zusammenlebt, denn das ist ja die Idee. Man muss sich engagieren und füreinander da sein. Und manchmal gibt es natürlich auch Probleme. Das muss man akzeptieren.

Moderator: Danke für das Gespräch.

Track 9 Seite 24, 11

Hallo, hier sind wir wieder mit „Jakobs Ein-Minuten-Wissen".
Unser Thema heute sind Städte der Superlative.
Hier fünf Fakten, die ihr bestimmt noch nicht kennt:
Wien ist die Stadt mit der besten Lebensqualität.
Tokio ist die Stadt mit den meisten Einwohnern.
Rio de Janeiro ist die Stadt mit dem längsten Strand.
Dubai ist die Stadt mit dem höchsten Gebäude.
Atlanta ist die Stadt mit dem größten Flughafen.
Das habt ihr nicht gewusst, oder? – Morgen bringen wir euch dann
Tiere der Superlative …

LEKTION 24

Track 10 Seite 30, 8a

Moderatorin: Liebe Hörerinnen und Hörer, ich begrüße Sie zu unserer heutigen Sendung „Fahrerlose Autos". Im Studio sind Lena und Micha, mit denen ich heute über Vor- und Nachteile von selbstfahrenden Autos diskutieren möchte. Hallo ihr beiden, herzlich willkommen.

Stela und Jonas: Hallo.

Moderatorin: Selbstfahrende Autos sind die Zukunft des Straßenverkehrs. Wie ist eure persönliche Meinung dazu?

Micha: Also, ich finde die Vorstellung toll, denn ich kann mich dann auf einer langen Autofahrt einfach entspannen und muss mich weder auf den Verkehr noch auf die Geschwindigkeit konzentrieren. Wenn ich will, kann ich schon auf der Fahrt Mails beantworten, mich auf ein Meeting vorbereiten oder einfach die Zeitung lesen; das ging bisher nur in der Bahn.

Lena: Ja, aber ich fahre so gern Auto. Das macht mir einfach riesigen Spaß. Wenn ich nicht mehr selbst fahren kann, verliere ich den Spaß am Fahren.

Micha: Und macht es dir denn auch Spaß, im Stau zu stehen? Ich habe gelesen, dass es durch das fahrerlose Fahren weniger Staus geben wird. Und man kommt doch viel entspannter zur Arbeit!

Lena: Okay, das stimmt natürlich. Und die nervige Sucherei nach einem Parkplatz fällt dann auch weg, das macht das Auto ja auch selbst, oder?

Moderatorin: Ja, ich glaube schon. Wie sieht es denn aber mit der Verkehrssicherheit aus? Das ist ein Thema, über das man auf jeden Fall sprechen muss. Reagieren Bordcomputer, also das selbstfahrende Auto, besser und schneller als der Mensch?

Micha: Gute Frage. Es kann gut sein, dass durch die selbstfahrenden Autos weniger Unfälle passieren. Der Computer macht : alles richtig, fährt nicht zu schnell und reagiert weder nervös noch aggressiv, ganz anders als ein Mensch. Außerdem könnten mit selbstfahrenden Autos ältere Menschen noch mobil bleiben, wenn sie nicht mehr selbst fahren möchten oder können.

Lena: Guter Gedanke. Aber noch einmal zurück zu der Frage der Sicherheit. Ich habe schon ein bisschen Angst davor, was passieren könnte, wenn die Technik plötzlich nicht mehr richtig funktioniert, also wenn es Programmierfehler gibt oder so.

Moderatorin: Ja, zu diesem Thema sind noch viele Fragen offen. Ich danke euch für euren Besuch im Studio und das interessante Gespräch.

Lena: Braucht man dann überhaupt noch einen Führerschein? Eigentlich nicht, oder …

Track 11 Seite 33

Beispiel:

Sie hören eine Durchsage am Hauptbahnhof.

Achtung an Gleis 2. Bitte beachten Sie die folgende Information: Der ICE 1172 nach Hannover Hauptbahnhof über Frankfurt am Main, Hanau, Fulda, Kassel-Wilhelmshöhe und Göttingen, Abfahrt 20:32 Uhr, hält heute wegen Gleisarbeiten nicht in Frankfurt Hauptbahnhof. Reisende nach Frankfurt Hauptbahnhof nehmen bitte den Regionalexpress 4587, Abfahrt um 20:39 Uhr von Gleis 7b.

Track 12 Seite 33

1

Sie hören eine Verkehrsdurchsage im Radio.

Hier ist Radio Antenne mit einer Verkehrsdurchsage. Auf der Autobahn A 5 Karlsruhe - Basel kommt es zwischen Karlsruhe und Karlsruhe-Süd wegen eines liegengebliebenen LKW zu einem Stau von circa 8 Kilometern. Vorsicht, das Stauende befindet sich in einer Kurve. Auf der Gegenfahrbahn der A5 von Basel nach Karlsruhe befinden sich in Höhe Bruchsal Radfahrer auf der Fahrbahn. Fahren Sie bitte äußerst vorsichtig! Und dann noch eine Meldung aus der Schweiz: Auf der A 6 in Richtung Bern haben sich bereits mehrere Unfälle wegen starker Schneefälle ereignet. Auch hier: Fahren Sie bitte vorsichtig.

2

Sie hören eine Durchsage am Flughafen.

Passagiere des verspäteten Lufthansa-Flugs LH 5625 nach Brüssel, bitte beachten Sie die Gate-Änderung. Sie werden gebeten, zu Gate 23 zu kommen. Passagiere gebucht auf LH 5625 nach Brüssel bitten kommen Sie zu Gate 23. Die Maschine steht jetzt für Sie zum Einsteigen bereit. Passagier Luca Manzoni, gebucht auf Alitalia AZ 571, nach Rom, bitte kommen Sie umgehend zum Informationsschalter im Terminal 1.

3

Sie hören eine Durchsage im Zug.

Sehr geehrte Fahrgäste. Ich begrüße Sie auf unserer Fahrt von Berlin nach München. Aufgrund einer technischen Störung hat unser Zug zurzeit eine Verspätung von circa 25 Minuten. Über Ihre Anschlussmöglichkeiten informiere ich Sie rechtzeitig. Wegen der technischen Störung funktioniert außerdem in Wagen 7 und 8 die Heizung nicht, und leider kann unser Bordrestaurant auch keine Heißgetränke oder warmen Speisen anbieten, sondern nur kalte Getränke und Snacks. Wir entschuldigen uns und bitten um Ihr Verständnis. Nächster Halt unseres Zuges ist Braunschweig Hauptbahnhof auf Gleis 5.

4

Sie hören eine Durchsage im Kaufhaus.

Liebe Kundinnen, liebe Kunden! Heute exklusiv für Sie bei uns! Verpassen Sie heute auf keinen Fall unsere tollen Sonderaktionen bei Damen- und Herrenbekleidung. In unser Sportabteilung bieten wir Ihnen heute alle Herren-Freizeitjacken zum halben Preis. Worauf warten Sie? Kommen Sie in unsere Sportabteilung und greifen Sie zu! Aber natürlich haben wir auch besondere Angebote für die Damen: Wenn Sie zwei Blusen kaufen, bekommen Sie die zweite Bluse zum halben Preis! Wir freuen uns auf Ihren Besuch in unserer Damenabteilung.

Track 13 Seite 35

Beispiel

Ich fahre eigentlich jeden Tag mit dem Auto zur Arbeit, nicht, weil ich so gern fahre, aber der Bus fährt so selten. Ich müsste dann viel früher aufstehen, damit ich pünktlich auf der Arbeit bin. Der Verkehr ist natürlich unangenehm, aber ich habe mich schon daran gewöhnt, dass ich am Morgen im Stau stehe. Zum Glück habe ich an meinem Arbeitsplatz einen eigenen Parkplatz, ich muss also nicht lange einen suchen. Auch bei meiner Wohnung habe ich einen Parkplatz. Das kostet zwar etwas, aber es ist schon praktisch.

LEKTION 25

Track 14 Seite 37, 4

Liebe Hörerinnen und Hörer, willkommen zu unserer Waldwoche bei Radio Eins. Wir werden Ihnen die ganze Woche über viele interessante Sendungen rund um das Thema Wald präsentieren.

Zum Start unserer Themenwoche haben wir heute für Sie ein paar interessante Zahlen über den deutschen Wald.

Wussten Sie schon, dass 31 Prozent Deutschlands mit Wald bedeckt sind? Das ist fast ein Drittel!

Jedes Jahr erntet man bei uns 76 Millionen Kubikmeter Holz, und 122 Millionen Kubikmeter wachsen jedes Jahr nach. Das heißt, der Wald wird immer größer!

Der Wald ist die Heimat von vielen Tieren und Pflanzen. Es gibt 1215 verschiedene Pflanzen in den deutschen Wäldern, allein 76 davon sind Baumarten. Ist das nicht unglaublich?

Vielleicht wissen Sie, dass Deutschland zurzeit 16 Nationalparks hat. Den meisten Wald gibt es im Nationalpark Harz, dort wachsen nämlich 24.000 Hektar Wald.

So viel Wald braucht Menschen, die sich um ihn kümmern. Hören Sie deshalb heute Nachmittag um fünfzehn Uhr: Warum ich Förster geworden bin. Interviews mit Förstern und Försterinnen aus ganz Deutschland.

Track 15 Seite 40, 10b

Moderatorin: Liebe Hörerinnen und Hörer! Und weiter geht's mit der Waldwoche bei Radio Eins! Heute ist unser Thema „Waldbaden". Was ist das eigentlich und was macht man da? Dazu haben wir Franka Stark eingeladen. Frau Stark ist „Waldbademeisterin". Unser zweiter Gast ist Nico Kluge. Herr Kluge ist Journalist, der diesen neuen Trend ausprobiert hat.
Frau Stark, können Sie uns zuerst kurz erklären, was „Waldbaden" eigentlich ist?

Frau Stark: Natürlich, gern. Waldbaden kommt aus Japan und ist eine gute Methode, um Ruhe zu finden.

Moderatorin: Aber was macht man da eigentlich? Es hat ja nichts mit Wasser zu tun, oder?

Frau Stark: Nein, nein. Das hat nichts mit Wasser zu tun. Wir riechen, hören und fühlen den Wald. Das gibt uns Ruhe und macht uns fit für den Alltag.

Track 16 Seite 40, 10c

Moderatorin: Liebe Hörerinnen und Hörer! Und weiter geht's mit der Waldwoche bei Radio Eins! Heute ist unser Thema „Waldbaden". Was ist das eigentlich und was macht man da? Dazu haben wir Franka Stark eingeladen. Frau Stark ist „Waldbademeisterin". Unser zweiter Gast ist Nico Kluge. Herr Kluge ist Journalist, der diesen neuen Trend ausprobiert hat.
Frau Stark, können Sie uns zuerst kurz erklären, was „Waldbaden" eigentlich ist?

Frau Stark: Natürlich, gern. Waldbaden kommt aus Japan und ist eine gute Methode, um Ruhe zu finden.

Moderatorin: Aber was macht man da eigentlich? Es hat ja nichts mit Wasser zu tun, oder?

Frau Stark: Nein, nein. Das hat nichts mit Wasser zu tun. Wir riechen, hören und fühlen den Wald. Das gibt uns Ruhe und macht uns fit für den Alltag.

Moderatorin: Das hört sich sehr gut an. Herr Kluge, Sie haben es ausprobiert. Was sagen Sie dazu?

Herr Kluge: Nun, ich liebe den Wald und bin gern draußen. Deshalb habe ich mir gedacht: Ich probiere es aus. Ich habe ein Wochenende gebucht. Es war auch wirklich entspannend, aber es war auch sehr teuer. In den Wald kann ich

doch immer und überall gehen und muss nichts dafür bezahlen.

Frau Stark: Natürlich, aber Waldbaden ist mehr als Spazierengehen. Viele Menschen haben keine Beziehung zur Natur. Sie brauchen Tipps und man muss sie motivieren, damit sie den Wald richtig genießen können.

Jonas: Also ich hatte den Eindruck, dass es hier vor allem ums Geld geht. Man möchte den Tourismus in Regionen stärken, wo sonst nicht viel los ist. Wir mussten uns auf den Boden legen und Bäume umarmen. Das ist nichts für mich.

Moderatorin: Apropos Bäume umarmen. Frau Stark, Sie sagen, dass die Bäume Menschen gesund machen können. Gibt es dafür auch Beweise?

Frau Stark: In Japan haben Wissenschaftler schon Anfang der 80er Jahre über die medizinische Wirkung des Waldes geforscht. Dort gibt es jetzt ein eigenes Studium „Waldmedizin". Wir in Europa sind da noch nicht so weit. Aber auch in Deutschland und Österreich interessieren sich Wissenschaftler jetzt für dieses Thema.

Herr Kluge: Ich sage ja gar nicht, dass der Wald und die Natur nicht positiv für unsere Gesundheit sind. Ich kann mich auch draußen im Wald besser erholen als z. B. drinnen in einem Fitnessstudio, das geht sicher vielen Menschen so. Dafür ist aber ein Waldspaziergang von zwei Stunden genug.

Moderatorin: Mir persönlich ist Spazierengehen zu langsam und zu langweilig. Aber im Wald joggen, das finde ich auch toll. Frau Stark, wie sind Ihre Erfahrungen mit den Kunden?

Frau Stark: Ja, immer schnell-schnell, das ist das Problem. Viele haben vergessen, wie man etwas ganz langsam genießen kann. Ich habe ja schon gesagt, dass viele Menschen keine Beziehung mehr zur Natur haben. Wenn Sie, Herr Kluge, sich ohne Hilfe im Wald erholen können, dann ist das wunderbar. Aber viele können das eben nicht, sie brauchen Unterstützung, und dafür bezahlen Sie auch gern etwas.

Moderatorin: Frau Stark, Herr Kluge, unsere Sendezeit ist leider um. Vielen Dank für das interessante und informative Gespräch.

Track 17 Seite 40, 11

A: Habt ihr euch schon einmal im Wald auf den Boden gelegt? Das hilft total, wenn man Stress abbauen möchte. Wissenschaftler haben das bewiesen.

B: Ja, mir macht das auch Spaß. Ich habe beschlossen, dass ich im nächsten Urlaub zum Waldbaden gehe. Kennt ihr das?

C: Ja, im Radio hat jemand darüber gesprochen. Ganz spannend, aber ich brauche das nicht. Ich setze mich einfach ganz still in den Wald und schaue mir die Bäume und Sträucher an. Das ist auch schön.

LEKTION 26

Track 18 Seite 44, 4a

Nele: Du, Paul, ich habe mich gestern länger mit meinem Opa über die gute alte Zeit unterhalten.

Paul: Und natürlich war seiner Meinung nach früher alles besser, oder?

Nele: Na ja, nicht alles, aber vieles. Für meinen Opa ist es immer noch schwierig zu verstehen, wie viel Auswahl wir heute bei der Ernährung haben. Letzte Woche waren wir zusammen im Supermarkt und er konnte gar nicht glauben, wie viele verschiedene Müsli-Sorten oder Brotaufstriche es gibt. Als meine Großeltern Kinder waren, gab es zum Frühstück einfach Brot mit Marmelade oder Schinken. Und mein Opa sagt immer: „Früher hat man einfach gegessen, was auf den Tisch kam."

Paul: Ja, die Qual der Wahl – soll ich das kaufen, oder doch lieber das? – kann man der älteren Generation nur schwer erklären. Aber mit einem haben sie Recht: Früher war man auch mit weniger zufrieden.

Nele: Mein Opa sagt, dass früher das Leben leichter war, weil es weniger Angebote gab, nicht nur beim Essen. Er meint, dass die heutige Generation total gestresst ist von den vielen Möglichkeiten. Wir könnten oft gar nicht entscheiden, was wir samstagabends mit unseren Freunden unternehmen sollen. Früher haben sich meine Großeltern schon Wochen vorher auf einen Theaterabend gefreut und …

Paul: Früher gab es ja auch nur drei Fernsehprogramme. Unglaublich! Das kann ich mir echt nicht vorstellen.

Nele: Ja, aber die Kinder haben früher viel mehr gemeinsam unternommen. Sie haben sich getroffen, zusammen gespielt und damit meine ich jetzt natürlich nicht am Computer, sondern draußen im Garten oder im Park, Fußball oder so.

Paul: Ja, aber das machen doch auch noch viele. Es sind ja nicht alle wie dein kleiner Bruder, der am liebsten vor dem Computer sitzt.

Nele: Ich weiß nicht … Mein Opa findet auch, dass insgesamt der Kontakt zwischen den Menschen früher persönlicher war. Er findet es ganz schrecklich, dass die Menschen sich in den öffentlichen Verkehrsmitteln gar nicht mehr miteinander unterhalten oder wenigstens einmal kurz anlächeln. Alle schauen nur noch auf ihr Smartphone. Wusstest du schon, dass Smartphonebesitzer im Durchschnitt alle 12 Minuten auf ihr Handy schauen? Alle 12 Minuten! Stell dir das mal vor!

Paul: Du, Tom hat mir gerade geschrieben. Er fragt, was wir am Samstagabend machen wollen: Ob wir in den neuen Club, in die Bar um die Ecke oder ins Kino gehen sollen?

Nele: Also ich finde, nicht alles ist heute besser als früher.

Paul: Aber auch nicht alles war früher besser als heute.

Track 19 Seite 49

Beispiel

Liebe Hörerinnen und Hörer, mein Name ist Nils Basting, und in unserer Waldwoche bei Radio Eins geht es heute um Nationalparks. Anfang der Woche hatten wir Ihnen ja schon Fakten über den deutschen Wald präsentiert. Vielleicht erinnern Sie sich: Deutschland hat zurzeit 16 Nationalparks.

Track 20 Seite 49

Moderator: Liebe Hörerinnen und Hörer, mein Name ist Nils Basting, und in unserer Waldwoche bei Radio Eins geht es heute um Nationalparks. Anfang der Woche hatten wir Ihnen ja schon Fakten über den deutschen Wald präsentiert. Vielleicht erinnern Sie sich: Deutschland hat zurzeit 16 Nationalparks. Und es gibt Pläne und Ideen, diese Zahl noch zu erhöhen und weitere Landschaftsgebiete in Deutschland zu Nationalparks zu erklären. In der aktuellen Diskussion steht die Rhön, das ist eine Berglandschaft, die zum Teil in Bayern und zum Teil in den Bundesländern Hessen und Thüringen liegt. Bis zur Wiedervereinigung im Jahr 1990 verlief die deutsch-deutsche Grenze durch dieses Gebiet. Es gibt verschiedene Meinungen zu der Frage, ob die Rhön ein Nationalpark werden soll. Hier im Studio diskutiere ich heute mit Kirsten Poralla, Sprecherin der Bürgerinitiative Pro Nationalpark und Hubert Machwitz vom Fachverband Holzwirtschaft.

Herr Machwitz: Lassen Sie mich bitte gleich zu Anfang eins klarstellen. Sie haben in Ihrer Einleitung von einer Berglandschaft gesprochen. Die Rhön ist aber kein hohes Gebirge wie zum Beispiel die Alpen, sondern ein sogenanntes Mittelgebirge. Das heißt, es gibt dort überall Wald und Wiesen, die von den Menschen bewirtschaftet werden. Viele leben vom Holz und von der Landwirtschaft. Ein Nationalpark würde die Arbeitsplätze dieser Menschen in Gefahr bringen.

Moderator: Tatsächlich? Bis jetzt hatte ich immer nur das Gegenteil gehört, nämlich dass ein Nationalpark zusätzliche Arbeitsplätze bringen würde. Könnten Sie uns das bitte genauer erklären?

Herr Machwitz: Gern. Das Problem sind die sogenannten Kernzonen eines Nationalparks. Das sind Gebiete, in denen der Mensch nicht in die Natur eingreifen darf. Nicht eingreifen, das heißt auch: Man darf keine Bäume fällen, keine Tiere jagen, nicht fischen, und auch für die Landwirtschaft sind Kernzonen tabu. Die internationale Regelung sagt, dass ein Nationalpark eine Kernzone von 75% haben muss. Viele große und kleine Unternehmen, die vom Wald und vom Boden abhängig sind, müssten schließen, wenn Sie diese Flächen nicht mehr nutzen dürften.

Frau Poralla: Tut mir leid, Herr Machwitz, aber das sehe ich ganz anders. Ein Nationalpark ist ein Motor für die Wirtschaft, ein ökologischer Motor. Herr Basting, Sie haben das schon richtig verstanden: Durch einen Nationalpark würden wir viele neue Arbeitsplätze in der Region bekommen. Das ist deshalb so, weil der Tourismus gestärkt wird. Und das bedeutet Arbeitsplätze in Hotels, Restaurants, Pensionen, in vielen Geschäften, die für Touristen interessant sind, in Sport- und Freizeitunternehmen – die Liste ist lang. Sogar die Bauern würden dabei gewinnen; sie könnten Urlaub auf dem Bauernhof anbieten und ihre Produkte verkaufen.

Herr Machwitz: Es gibt eine Studie, nach der allein für die Holzwirtschaft 2,5 Millionen Euro Einkommen pro Jahr wegfallen würden.

Frau Poralla: Das kann schon sein, aber es gibt auch Studien, die sagen, dass durch einen Nationalpark in der Rhön 1100 neue Arbeitsplätze entstehen würden.

Moderator: Die Touristen kommen doch aber vor allem in die Rhön, weil es dort so schön ist. Ich bin auch sehr gern dort. Sie wird doch nicht schöner, wenn sie „Nationalpark" heißt, oder sehe ich das falsch?

Frau Poralla: Das stimmt so leider nicht. Besonders für internationale Touristen ist das Wort Nationalpark ein Zeichen für Qualität, so etwas wie ein Markenprodukt. Die Rhön ist ja jetzt schon ein UNESCO-Biosphärenreservat, aber das weiß im Ausland fast niemand.

Moderator: Bis jetzt haben wir vor allem über Geld und Arbeitsplätze gesprochen. Aber ich glaube, es gibt noch andere Aspekte, die für diese Diskussion wichtig sind.

Frau Poralla: Ganz richtig. Es sollte in der Hauptsache um den Schutz der Natur gehen. Die Rhön ist der Lebensraum von sehr vielen seltenen Tierarten. Ein Nationalpark würde dafür sorgen, dass diese Tiere auch in hundert Jahren noch eine Heimat haben.

Moderator: Tiere – und auch Pflanzen, wenn ich richtig informiert bin, oder? Ich selbst habe bei Wanderungen in der Rhön schon seltene Orchideen gefunden.

Frau Poralla: Oh ja, und auch viele ...

Herr Machwitz: So einfach ist das nicht. Viele Naturschützer glauben, wenn die Menschen wegbleiben, ist das für Tiere und Pflanzen am besten. Das ist aber nicht korrekt. In der Rhön zum Beispiel gibt es viele seltene Vogelarten, die am Boden leben. Das können sie nur, weil es offene Flächen gibt, die durch Bewirtschaftung entstanden sind, also zum

Beispiel durch die Schafe, die das ganze Jahr über draußen leben. Wenn man das Land nicht mehr bewirtschaften darf, wächst bald überall wieder Wald, und das bedeutet dann das Ende für diese Tierarten.

Moderator: Leider ist unsere Zeit schon um. Wie Sie ja schon gesagt haben, ist die Entscheidung „Nationalpark in der Rhön – ja oder nein" auch für zukünftige Generationen von Bedeutung, deshalb wird man die Frage sicher noch länger diskutieren müssen. Ich danke Ihnen beiden, dass Sie gekommen sind.

Track 21 Seite 51

Beispiel

Hier in Japan gehen sehr viele von uns jungen Frauen auf die Uni. Ich glaube, ich habe irgendwo gelesen, dass über die Hälfte der japanischen Frauen einen College- oder Universitätsabschluss haben. Das ist natürlich ein großer Fortschritt im Vergleich zu früher. Aber es ist auch nicht die ganze Wahrheit. Es ist immer noch so, dass in den meisten Firmen Frauen für die gleiche Arbeit weniger Geld bekommen als Männer. Und es gibt immer noch extrem wenige Frauen in Führungspositionen.

Beruf und Familie zu vereinbaren ist schwierig bei uns. In japanischen Firmen kommt man oft alle zwei bis drei Jahre auf eine andere Stelle und muss dann an einen anderen Ort umziehen. Und die Arbeitszeiten sind bei uns sehr lang. Kinderbetreuung ist in Japan auch nicht so leicht zu bekommen. Das bedeutet, dass viele Frauen, die eine Familie möchten, ihren Beruf ganz aufgeben. Es gibt aber auch Frauen und sogar einige Männer, die politisch aktiv sind und versuchen, diese Situation zu ändern.

LEKTION 27

Track 22 Seite 53, 4b

Interviewer: Verzeihung, darf ich Ihnen eine Frage stellen? Es geht ganz schnell. Was würden Sie machen, wenn Sie Politiker wären?

Mann: Wenn ich Politiker wäre, hätten wir Rentner genug Geld zum Leben und müssten uns nicht jeden Einkauf dreimal überlegen!

Jonas: Vielen Dank. – Darf ich Sie auch fragen? Was wäre Ihnen wichtig, wenn Sie Politikerin wären?

Frau: Ich würde endlich mehr Kindergärten bauen. Meine Tochter ist jetzt drei und ich bekomme keinen Platz für sie. Wenn ich die Möglichkeit hätte, würde ich das ändern.

Interviewer: Danke sehr. – Und du? Wenn du entscheiden dürftest, was würdest du machen?

Junge: Ich würde eine richtig coole Radstrecke mitten durch die Stadt bauen.

Interviewer: Du fährst wohl gern Rad?

Junge: Na klar.

Track 23 Seite 57, 8d

Faysal: Hallo Yvonne, dich sieht man ja kaum noch!

Yvonne: Hallo Faysal! Ja, ich weiß, aber ich arbeite jetzt dreimal pro Woche ehrenamtlich.

Faysal: Was machst du denn?

Yvonne: Ich lerne mit den Kindern in unserem Stadtteil. Die Eltern können oft nicht so gut Deutsch und die Kinder haben deshalb in der Schule Probleme. Bildung ist aber wichtig, damit sie später einen guten Job bekommen.

Faysal: Super. Wie bist du denn dazu gekommen?

Yvonne: Angefangen hat alles damit, dass ich den Kindern von unseren Nachbarn manchmal bei den Hausaufgaben geholfen habe. Und dann sind immer mehr Kinder gekommen. Jetzt bin ich mit ganzem Herzen bei der Sache.

Faysal: Das finde ich toll. Und da gibst du richtig Nachhilfe?

Yvonne: Ja, und ich helfe auch bei den Hausaufgaben und lerne mit ihnen, wenn sie einen Test haben. Wir wollen das Programm aber noch ausbauen und eine richtige Nachmittagsbetreuung anbieten. Also auch mit den Kinder spielen und mit ihnen etwas unternehmen.

Faysal: Das ist aber eine große Aufgabe. Hast du überhaupt so viel Zeit?

Yvonne: Na ja, wir sind jetzt schon eine ganze Gruppe von Leuten. Du kennst doch Nick, Nick Gerber?

Faysal: Nick, ja klar!

Yvonne: Er leitet das Ganze. Wir haben einen Verein gegründet, er heißt HelpChild. Wir suchen noch Leute, die mitmachen. Hättest du nicht Lust dazu?

Faysal: Mal sehen. Ich habe im Moment beruflich ziemlich viel zu tun. Aber einmal in der Woche könnte ich schon mithelfen.

Yvonne: Das wäre toll! Vielleicht könntest du ja die Gitarre mitbringen und mit den Kindern singen. Da wären sie sicher mit vollem Herzen dabei.

Faysal: Abgemacht. Melde dich doch einfach bei mir, wenn das Nachmittagsprogramm startet.

Yvonne: Gern, danke! Tschüss!

Faysal: Tschüss!

LEKTION 28

Track 24 Seite 59, 1c

Gute Abend, liebe Hörerinnen und Hörer. Heute stellen wir Ihnen in unserer Reihe „Berühmte Frauen aus der Schweiz" die Künstlerin Pipilotti Rist vor.

Pipilotti ist ein Künstlername. Frau Rist hat ihn gewählt, weil sie in ihrer Kindheit ein großer Fan des Kinderbuchs „Pippi Langstrumpf" war. Ihr richtiger Vorname ist eigentlich Elisabeth Charlotte. Geboren ist Pipilotti Rist am 21. Juni 1962 in Grabs. Von 1982 bis 1986 studierte sie Grafik an der Hochschule für Angewandte Kunst in

Wien, danach, von 1986 bis 1988, studierte sie in Basel Audiovisuelle Kommunikation. Nach dem Studium arbeitete sie eine Zeit lang als freiberufliche Computergrafikerin.

Die Liste ihrer künstlerischen Arbeiten ist lang. Bekannt ist sie vor allem für ihre Videoinstallationen, Experimentalfilme und Computerkunst. Moderne Experimentalkunst ist ja oft ziemlich ernst, dunkel oder traurig. Die Kunst von Pipilotti Rist ist ganz anders, ihre Arbeiten sind meistens bunt und fröhlich. Farben, Musik und der menschliche Körper spielen darin eine wichtige Rolle.

Pipilotti Rist gewann viele Preise, sowohl für ihre künstlerische als auch für ihre wissenschaftliche Arbeit im Bereich Multimedia. Zum Beispiel bekam sie 1997 auf der Biennale in Venedig den „Premio 2000".

Von 1988 bis 1994 war sie Mitglied der Frauen-Musikband „Les Reines Prochaines", mit der sie auch einige Musikalben aufnahm.

Von 2005 bis 2009 arbeitete Frau Rist an ihrem ersten Spielfilm „Pepperminta", der 2009 in die Kinos kam.

Über ihre Arbeit mit dem Medium Video sagt sie selbst: „Video ist wie eine kompakte Handtasche, da ist von Literatur über Malerei bis zur Musik alles drin."

Heute lebt und arbeitet sie in Zürich. Mit ihrem Partner hat sie einen Sohn, er hat den ungewöhnlichen Vornamen „Himalaya". Schalten Sie auch nächsten Dienstag zur selben Zeit wieder ein, dann sprechen wir über Isabelle Eberhardt, die …

Track 25 Seite 60, 3a

Nicole: Du kennst dich doch gut mit der Schweiz aus, oder?

Fabian: Na ja, geht so. Ich habe Schweizer Freunde. Warum fragst du?

Nicole: Ich mache nächstes Jahr ein Hotelpraktikum in der Schweiz. Ich kann mir das gar nicht so genau vorstellen, wie das mit der Mehrsprachigkeit dort im Alltag klappt. Es sind ja nicht alle Kantone komplett viersprachig, oder?

Fabian: Nein. Viersprachig ist kein Kanton. Und drei offizielle Sprachen hat nur der Kanton Graubünden, du weißt schon, dort, wo Heidi lebte. ((lacht)). Die Sprachen dort sind Deutsch, Italienisch und Rätoromanisch. Die Graubündner sprechen aber im Alltag Schweizerdeutsch miteinander. Und Schweizerdeutsch ist ja ganz anders als das Deutsch, was wir sprechen. – Zwischen der Ost- und Westschweiz verläuft die Sprachgrenze zwischen der deutschsprachigen und französischsprachigen Schweiz. Die Schweizer nennen sie den Röstigraben.

Nicole: Röstigraben? Du meinst, Rösti wie bei diesem Kartoffelgericht?

Fabian: Genau. Die Schweizer sagen übrigens nicht „das Rösti", sondern „die Röschti".

Nicole: Mmh, Rösti ist das Leckerste, was es gibt! Die beste Rösti habe ich in einem Restaurant in Zürich gegessen, als ich

Melli besucht habe. Sie hat dort ein Semester studiert.

Fabian: Ach, Melli hat in Zürich studiert? Das wusste ich gar nicht! Hat es ihr gefallen?

Nicole: Ja, sie war begeistert von der Stadt. Das Einzige, was sie gestört hat, waren die hohen Preise.

Fabian: Ja, stimmt, besonders die Mieten sind das, was das Leben in Zürich so teuer macht. – Also, noch mal zurück zu den Sprachen: Du musst dich daran gewöhnen, dass in der Schweiz viele Sachen anders heißen als bei uns. Das hast du ja sicher schon bei dem Besuch in Zürich gemerkt.

Nicole: Ja, ja, die Straßenbahn heißt dort „das Tram". Und wenn wir nicht mit „dem Tram" gefahren sind, waren wir mit dem „Velo" unterwegs, das ist das schweizerische Wort für Fahrrad. – Aber dass die Schweizer so viele Sprachen sprechen, das ist etwas, was ich schon toll finde.

Fabian: Na ja, nicht alle Leute in der Schweiz sprechen oder verstehen ohne Probleme die vier Sprachen. Ich war mit meinem Freund Jean-Michel aus Genf mal in einem Restaurant in Basel. Er hat nicht verstanden, was die Kellnerin gesagt hat. Ihr Französisch war nicht besonders gut, und sein Deutsch ist eine einzige Katastrophe.

Nicole: Ist das der Jean-Michel, der letztes Jahr auf deiner Examensparty war? Ich erinnere mich! Wir haben versucht, uns zu unterhalten. Wir konnten beide ein bisschen Englisch, was uns gerettet hat.

Track 26 Seite 61, 4b

Bern. Bei der Volksabstimmung konnte heute die Schweizer Bevölkerung über die sogenannte „Fair-Food-Initiative" abstimmen. Das Ergebnis fiel sehr deutlich aus: 61,3 Prozent stimmten gegen die Initiative für gesündere und natürlich produzierte Lebensmittel. Die Initiative hatte von der Regierung Unterstützung für gesunde, tier- und umweltfreundlich und fair hergestellte Lebensmittel gefordert. Gegner der Initiative hatten aber argumentiert, dass dann die Lebensmittelpreise in der Schweiz enorm steigen würden.

Ein klares Ja gab es hingegen für den Gesetzentwurf zur Förderung von regionalen Rad-, Fuß- und Wanderwegen, über den heute ebenfalls eine Abstimmung stattfand. 73,6 Prozent der Schweizer und Schweizerinnen stimmten dafür. Bereits vor der Abstimmung hatte man eine große Mehrheit erwartet.

Track 27 Seite 62, 7a

Herzlich willkommen und Grüezi in Bern, in der Hauptstadt der Schweiz. Wir beginnen unsere Stadtführung hier in der Altstadt. Dort vorne sehen Sie hinter den Häusern das Berner Münster. Von dem 100 Meter hohen Turm haben Sie einen wunderbaren Blick über die Altstadt und die Berge. Wer Lust hat, hinaufzusteigen – ich kann es Ihnen nur empfehlen!

Jenny   Hier sehen Sie jetzt eine der wichtigsten Sehenswürdigkeiten unserer Stadt, den Zeitglockenturm, oder wie wir in der Schweiz sagen, den Zytgloggeturm. Früher war er ein Stadttor von Bern. Die Zytglogge, mit der astronomischen Uhr und dem Glockenspiel, ist sehr berühmt. Die astronomische Uhr stammt aus dem 15. Jahrhundert, aus dem Jahr 1405, und bis heute geht sie noch ganz genau! Sehen Sie die Abbildung von Himmel und Horizont auf der Uhr? In der damaligen Zeit dachte man noch, dass sich Sonne, Mond und Sterne um die Erde drehen. Sie haben Glück – wir haben jetzt ... Moment ... fünf vor zehn. Kurz vor der vollen Stunde setzt sich der Mechanismus in Bewegung. Das heißt, Sie können das Glockenspiel hören und die Bewegung der Figuren sehen. Achtung, es geht los! Hier sind wir in der Kramgasse und stehen vor dem Haus, in dem Albert Einstein und seine Frau zwei Jahre lebten, von 1903 bis 1905. Hier in Bern entwickelte Einstein seine Relativitätstheorie. Das Wohnhaus des berühmten Physikers, in dem sich heute ein Museum befindet, kann man besichtigen.

Das Gebäude mit der Kuppel ist das Bundeshaus, in dem unser Parlament und unsere Regierung ihren Sitz haben. Viele Touristen aus dem Ausland denken ja, dass Zürich die Hauptstadt der Schweiz ist. Seien Sie ehrlich – wussten Sie es besser? Übrigens: Beim Bau des Parlamentsgebäudes hat man Materialien aus allen Regionen der Schweiz verwendet.

Bitte folgen Sie mir. Wir gehen jetzt über den Fluss Aare, zu einer besonderen Sehenswürdigkeit am anderen Flussufer. Dort im Bärenpark leben und spielen unsere Bären. Der Bär ist das Symbol unserer Stadt und des Kantons Bern.

So, meine Damen und Herren, wenn Sie sich heute Nachmittag bei einem guten Schweizer Schümlikaffee und einem leckeren Gipfeli erholen möchten, dann kann ich Ihnen einige gemütliche Cafés in den Gassen der Altstadt empfehlen. Oder vielleicht wollen sie sich in unserem Fluss Aare erfrischen. Vielen Dank für Ihre Aufmerksamkeit und noch viel Vergnügen in Bern.

Track 28 Seite 65

1

Sie hören eine Nachricht auf dem Anrufbeantworter.

Hi Tessa, ich bin's, Swantje. Du, ich habe eine Bitte an dich. Du hast doch dieses kleine Buch über Demokratie. Ich glaube, der Autor heißt Nolte oder so ähnlich. Könnte ich mir das für ein paar Tage ausleihen? Ich muss für die Uni etwas über die Geschichte der Demokratie schreiben. Geht das? Wenn du heute Abend zur Chorprobe kommst, bringst du das Buch dann bitte mir? Das wär super. Bis später!

2

Sie hören eine Nachricht auf dem Anrufbeantworter.

Guten Tag, Herr Grabowski, hier ist Christine Vandenbeck. Sie hatten mich gebeten, Sie zurückzurufen. Mein Kollege sagte mir, dass Sie gern bei unserem Hilfsprojekt mitarbeiten wollen. Ich bin jetzt wieder im Büro, Sie können mich bis circa sechzehn Uhr hier erreichen, oder auch morgen den ganzen Tag über. Ich glaube, Sie haben meine Büronummer, aber ich gebe Sie Ihnen noch einmal: 069 5333101. Ich wiederhole: 069 5333101. Ach so, ja – ab übermorgen bin ich zwei Wochen im Urlaub. Aber Sie können auch mit Herrn Meyerlaub sprechen, er kann auch alle Fragen zum Projekt beantworten. Danke und auf Wiederhören!

3

Sie hören eine Nachricht auf dem Anrufbeantworter.
Hallo Heike, Martin hier. Sag mal, kann es sein, dass du meinen zweiten Wohnungsschlüssel noch hast? Ich kann ihn einfach nicht finden, und du hast mir doch vor einem halben Jahr geholfen, den Keller leer zu räumen. Ich kann mich nicht erinnern, ob ich dir da einen Schlüssel gegeben habe. Aber entweder du hast ihn, oder ich habe ihn verloren. Ruf mich doch bitte mal an.

4

Sie hören eine Nachricht auf dem Anrufbeantworter.
Grüß dich, Fritzi, wir stehen hier auf dem Weihnachtsmarkt, Anneke, Marius, Hülya und ich. Alles ist romantisch beleuchtet und es duftet gut … Komm dich auch runter, wenn du Zeit hast! Wir gehen jetzt noch ein bisschen über den Markt und suchen ein Geschenk für Thorsten, der hat ja nächste Woche Geburtstag – so kurz vor Weihnachten, der Arme –, und dann sind wir in einer halben Stunde am Glühweinstand. Da findest du uns. Wäre echt toll, wenn du kommst!

5

Sie hören eine Nachricht auf dem Anrufbeantworter.
Hallo Frau Hüttel, hier ist Thomas Fink. Ich weiß nicht, ob Sie sich noch an mich erinnern, ich war mal Ihr Schüler an der Käthe-Kollwitz-Schule. Ja, also, stellen Sie sich vor, inzwischen studiere ich selbst Mathematik und mache gerade ein Schulpraktikum an der Käthe Kollwitz. Ich hatte so gehofft, Sie dort wiederzusehen und vielleicht an Ihrem Unterricht teilnehmen zu dürfen! Dann habe ich aber leider erfahren, dass Sie letztes Jahr in Rente gegangen sind. Aber ich wollte Sie wenigstens mal anrufen. Na ja, jetzt sind Sie nicht da … Vielleicht probiere ich es nach dem Praktikum einfach noch mal. Alles Gute!

Track 29 Seite 67

Also, wenn man ehrenamtlich arbeitet, tut man ja etwas für andere. Das finde ich gut und wichtig. Und ein großer Vorteil kann sein, dass man dabei Kontakt zu anderen Menschen bekommt. Man trifft andere, die auch freiwillig arbeiten und unternimmt mit ihnen vielleicht auch in der Freizeit etwas. Man ist wie eine große Familie. Das kann sehr schön sein.
Ein Nachteil könnte sein, dass manche Ehrenämter viel Zeit brauchen. Man hat auch keine Garantie, dass man Dankbarkeit für seine

Arbeit bekommt. Und wenn man zum Beispiel eine Familie hat, wäre es vielleicht manchmal besser, wenn man seine Freizeit mit ihr verbringt als mit fremden Menschen.
Trotzdem bin ich der Meinung, dass es wichtig ist, sich irgendwo zu engagieren. Auch wenn man vielleicht manchmal schlechte Erfahrungen macht, ist es doch eine gute Sache, nicht nur an sich selbst zu denken.

LEKTION 29

Track 30 Seite 70, 5a

Hans: Hallo Kurt. Ich wollte dich an unser Treffen heute Abend erinnern.
Kurt: Grüß dich Hans. Ich kann heute leider nicht. Mir geht es nicht gut.
Hans: Was ist denn los?
Kurt: Ich habe schlimme Kopfschmerzen und Halsschmerzen.
Hans: Du Armer! Deine Stimme klingt auch gar nicht gut. Hast du auch Fieber?
Kurt: Ja, 38 Grad.
Hans: Nimmst du Medikamente?
Kurt: Ja. Ich habe Lutschtabletten für den Hals und Kopfschmerztabletten habe ich auch genommen.
Hans: Ich denke, du hast die Grippe. Probier mal Grippex. Das hilft mir immer.
Kurt: Wirklich? Dann bitte ich Klara, dass sie mir Grippex aus der Apotheke holt.
Hans: Dann gute Besserung. Und geh zum Arzt, wenn es nicht besser wird.
Kurt: Mach ich, danke.

Track 31 Seite 71, 6a

Arzt: Guten Tag, Herr Schober. Was fehlt Ihnen denn?
Herr Schober: Ich habe seit vier Tagen Kopf- und Halsschmerzen.
Arzt: Dann möchte ich zuerst Ihre Temperatur messen. Ja, 39 Grad. Machen Sie bitte den Oberkörper frei. Gut … Bitte tief einatmen – Luft anhalten – und ausatmen. – Sie haben die Grippe. Nehmen Sie Medikamente?
Herr Schober: Ja, Lutschtabletten gegen die Halsschmerzen und Grippex.
Arzt: Ich schreibe Ihnen etwas Stärkeres auf. Bitte, hier ist das Rezept. Und Sie sollten im Bett bleiben.
Herr Schober: Das mache ich. Wie lange wird das dauern?
Arzt: Mit einer Woche müssen Sie schon rechnen. Sie sind Arbeitnehmer, oder? Brauchen Sie eine Arbeitsunfähigkeitsbescheinigung?
Herr Schober: Ja bitte.
Arzt: Dann schreibe ich Sie erst mal für eine Woche krank.
Herr Schober: Vielen Dank, Herr Doktor. Auf Wiedersehen.
Arzt: Auf Wiedersehen. Gute Besserung.

Track 32 Seite 72, 9a

Moderatorin: Wir begrüßen Sie zu unserer Sendung „ Innovative Firmen kurz präsentiert". Heute zu Gast: Franz Lupp von der Firma LuppCycling. Herr Lupp: Seit wann gibt es Ihr Geschäft und was machen Sie eigentlich genau?

Herr Lupp: Wir haben unser Unternehmen 2014 gegründet. Damals haben wir aus alten Kleidern Upcycling-Mode produziert. Wir waren zuerst unsicher, ob diese Idee überhaupt funktionieren wird, aber der Erfolg hat uns dann wirklich überrascht.

Moderatorin: Sie haben gesagt: „Damals". Bieten Sie heute etwas anderes an?

Herr Lupp: Wir bieten noch immer Kleidung an, aber 2016 haben wir das Angebot vergrößert und verkaufen jetzt auch alte, restaurierte Möbel.

Moderatorin: Alte Möbel werden aber überall billig angeboten, oder?

Herr Lupp: Ja, schon, aber wir geben ihnen ein ganz neues Gesicht und oft auch eine neue Funktion.

Moderatorin: Und wie ging es weiter?

Herr Lupp: Für Möbel braucht man natürlich mehr Platz. Wir haben neue Räume gefunden und sie liebevoll in unserem typischen Stil gestaltet. 2017 konnten wir einziehen.

Moderatorin: Vielen Dank, Herr Lupp, das war sehr interessant. Sagen Sie doch unseren Hörern und Hörerinnen noch, wo sie Ihr Geschäft finden können.

Herr Lupp: Gern! Sie finden uns in Büdingen in der Gerbergasse 13, und wir freuen uns auf Ihren Besuch!

Track 33 Seite 73, 10

1: die Klasse
2: der Rasierapparat
3: das Waschmittel
4: die Grippe
5: auffallen
6: herstellen
7: die Lutschtablette
8: schaffen
9: trennen
10: das Gestell
11: der Glücksfall
12: wasserdicht

LEKTION 30

Track 34 Seite 76, 2d

1

A: Du, sag mal, wenn man Currywurst macht, bleibt die Wurst dann ganz?

B: Nein, sie wird in Stücke geschnitten.

2, 3

A: Sind Solveig und Frido eigentlich immer noch arbeitslos? Weißt du, was für Pläne sie haben?

B: Sie werden in drei Wochen einen Imbiss eröffnen. Und ich werde immer bei Solveig und Frido essen.

4

A: Ich war gerade in den USA, da habe ich „German Wieners" gegessen. Denken die wirklich, dass Wien in Deutschland liegt? Und die Würstchen haben auch ganz anders geschmeckt. Sogenannte „deutsche" Spezialitäten im Ausland sind manchmal ein bisschen seltsam, oder?

B: Ja, Schnitzel zum Beispiel wird in Australien mit Sauerkraut angeboten.

A: O je.

5

A: Was machen wir heute? Hast du Lust, das Currywurst-Museum zu besuchen?

B: Das geht leider nicht, es wurde 2018 geschlossen.

Track 35 Seite 76, 3

Werner wundert sich, dass ich mich für eine Weiterbildung bewerben will. „Warum denn, Boris, du bist doch bald sechzig?" fragt er. Aber ich will wieder arbeiten, wenigstens ein paar Tage in der Woche. Mein Leben ist noch nicht vorbei.

Track 36 Seite 76, 3

Lisa, bringst du bitte vom Markt ein Kilo Kartoffeln und fünfhundert Gramm Karotten mit? Haben wir noch Paprika und Knoblauch zu Hause? Ich möchte ein leckeres Gericht mit Linsen kochen, schön scharf gewürzt mit Curry. Und zum Dessert gibt es Heidelbeeren mit griechischem Joghurt.

Track 37 Seite 77, 3

Hier, schaut mal, ein Foto von euch drei Mädchen im Schnee. Ist das nicht schön? Das Licht und die Landschaft in den Schweizer Bergen sind echt fantastisch. Uschi, es war nicht leicht, dich zum Lächeln zu bringen. Du hattest schlechte Laune, und du wolltest, dass ich das Foto lösche, erinnerst du dich? Das wäre wirklich schade gewesen.

Track 38 Seite 77, 3

Hör mal, Liebling, bist du mir immer noch böse? Weil ich gestern früh vergessen habe, Frau Müller von dir zu grüßen? Das ist doch nicht so schlimm. Das stört sie bestimmt überhaupt nicht, sie kennt dich doch und weiß, dass du nie unhöflich bist. Komm, gib mir ein Küsschen.

Track 39 Seite 81

Conny: Hey, Bernd! Dich hab ich ja lang nicht mehr gesehen!

Bernd: Oh, hi, Conny! Komm, setz dich, hier ist noch ein Platz frei.

Track 40 Seite 81

Conny: Hey, Bernd! Dich hab ich ja lang nicht mehr gesehen!

Bernd: Oh, hi, Conny! Komm, setz dich, hier ist noch ein Platz frei.

Conny: Danke. Wie geht's dir denn so?

Bernd: Mir geht's super! Ich habe nämlich gerade erfahren, dass ich meine Englischprüfung geschafft habe! Und auch noch mit einer richtig guten Punktzahl!

Conny: Hey! Herzlichen Glückwunsch! Das ist ja toll! Wie war denn die Prüfung? Interessiert mich, weil ich in einem halben Jahr auch eine Sprachprüfung mache. Nicht Englisch, sondern Spanisch, aber der Ablauf müsste eigentlich ziemlich gleich sein.

Bernd: Dann musst du dir echt keine Sorgen machen. Es ist alles gar nicht so schlimm. Ehrlich! Die Prüferin und der Prüfer waren total freundlich, und ich habe sie gut verstanden. Also die größte Angst hatte ich natürlich vor der Präsentation. Ich habe mich gefragt, was ich machen soll, wenn ich ein Thema bekomme, über das ich nicht viel weiß. Na ja, und tatsächlich: Als ich die beiden Themen zum Aussuchen gesehen habe, puh ... Das eine Thema war Auto- und Straßenverkehr, und in dem anderen ging es um ehrenamtliche Arbeit, freiwillig helfen und so weiter. Da war ich erst mal geschockt, denn ich weiß furchtbar wenig über Verkehrszahlen und Statistiken und so. Und das Thema Ehrenamt ... Das ist leider ganz fremd für mich. Peinlich, ist aber so.

Conny: Au weia! Und was hast du gemacht?

Bernd: Der Prüfer hat gesehen, wie nervös ich war und hat mir gesagt, dass es gar nicht darauf ankommt, wie viel ich über das Thema weiß, sondern dass es vor allem ums Englischsprechen geht. Es ist ja keine Prüfung in Mechatronik oder Soziologie!

Conny: Ach so, ja klar, stimmt ... Und welches Thema hast du dann genommen?

Bernd: Verkehr. Ich hatte Zeit, mir in aller Ruhe Ideen zu notieren, und dann habe ich einfach erzählt, dass ich gern mit dem Fahrrad fahre, weil ich damit in der Stadt gut durchkomme und keine Parkplatzprobleme habe. Und dass es hier in Deutschland oft Staus gibt und so weiter. Die paar Minuten Redezeit waren total schnell vorbei, gar kein Problem. – Aber jetzt sag mal, warum lernst du eigentlich Spanisch?

Conny: Weil ich nächstes Jahr vier Monate nach Costa Rica gehe.

Bernd: Wow! Vier Monate? Ist das ein superlanger Urlaub oder was machst du da?

Conny: Nein, das ist kein Urlaub. Ich werde als „Wooferin" auf einer Farm arbeiten.

Bernd: Als was bitte?

Conny: Ja, komisches Wort, oder? Das kommt von einer Freiwilligenorganisation, der Name wird W-W-O-O-F abgekürzt, „wuuhff". Der richtige Name ist „worldwide opportunities on organic farms".

Bernd: Aha, also „weltweite Chancen auf Bio-Bauernhöfen".

Conny: Mensch, du bist ja jetzt wirklich ein Englischexperte! – Also, ich fliege auf eigene Kosten nach Costa Rica und helfe dann dort auf einer Farm. In Costa Rica ist Natur- und Umweltschutz ein großes Thema, da gibt es viele Öko-Unternehmen. Bezahlt wird das nicht, aber essen und wohnen kann man auf der Farm kostenfrei.

Bernd: Oh, da gibt's bestimmt jeden Tag guten costa-ricanischen Kaffee zum Frühstück ... Bist du dann die einzige Deutsche dort?

Elisa : Ja, aber es werden noch zwei andere Woofer da sein, ein Österreicher und eine Belgierin. Wir hatten schon per Mail Kontakt, die sind echt nett, glaube ich. Ich freu mich schon.

Bernd: Und was genau macht ihr dann da?

Conny: Alles Mögliche – bei der Ernte helfen, Brot backen, Mauern reparieren, Bäume pflanzen ... Wir kümmern uns auch um die Tiere, darauf freue ich mich besonders. Und man arbeitet jeden Tag nur circa 6 Stunden und hat auch einen freien Tag pro Woche, das heißt, es ist noch genug Zeit für Ausflüge und so.

Bernd: Wow. Das klingt wirklich interessant. Schickst du mir mal den Link?

Conny: Mach ich. Wenn du dein Englisch weiter üben willst, kannst du ja auch in Kanada woofen, oder in Australien ...

Bernd: Klasse Idee ... Neuseeland würde mich interessieren. Und wann geht's eigentlich bei dir los?

Conny: Nächsten April. Ich bin schon ziemlich aufgeregt und freue mich total.

Bernd: Dieses Prüfungsthema mit der Freiwilligenarbeit wäre dann ja eigentlich ideal für dich, oder?

Conny: Ach ja, stimmt! Hoffentlich kommt es in meiner Prüfung auch dran!

Track 41 Seite 83, 1b

Ich begrüße Sie zu meinem Vortrag über das Thema „Regionale oder ausländische Lebensmittel".

Zuerst möchte ich von meinen persönlichen Erfahrungen zu diesem Thema erzählen, dann gehe ich auf die Situation in meinem Heimatland ein. Schließlich werde ich über die Vor- und Nachteile sprechen, die regionale und ausländische Lebensmittel jeweils haben. Zum Schluss werde ich sagen, wie ich persönlich darüber denke.

Ich persönlich versuche, möglichst viele einheimische Produkte zu kaufen. Aber immer ist das natürlich nicht möglich, es wird ja nicht alles bei uns hergestellt. Viele Sachen werden aus dem Ausland importiert, auch Lebensmittel. Nicht alles davon braucht man wirklich zum Leben. Aber ich esse zum Beispiel exotische Früchte sehr gern und die wachsen nicht bei uns. Ich kaufe sie nicht oft, aber manchmal doch. Ich weiß, dass das schlecht für die Umwelt ist. Aber dann sage ich mir: Die Wirtschaft in anderen Ländern ist ja auch wichtig, oder?

Ich komme ja aus einem Land, das kein sehr warmes Klima hat. Das Obst in unseren Supermärkten kommt zu einem ganz großen Teil aus dem Ausland. Oft ist es unheimlich teuer. Aber es wird trotzdem gekauft.

Ein Vorteil von Importen ist, dass man das ganze Jahr über alles essen kann, was man möchte. Als ich ein Kind war, gab es zum Beispiel im Winter keine Tomaten. Heute kann ich das ganze Jahr über Tomaten kaufen. Das ist sehr praktisch, wenn man etwas Bestimmtes kochen möchte.

Der Nachteil ist, dass es schlecht für unsere Umwelt ist, das habe ich ja schon gesagt. Durch den Transport kommt CO2 in die Luft. Auch für die Wirtschaft in unserem Land kann es Nachteile geben, wenn sie nicht so günstig produzieren kann wie ausländische Hersteller. Denn nicht alles ist so teuer wie das importierte Obst, manche Dinge sind sogar deutlich billiger, wenn sie aus dem Ausland kommen. Ich bin der Meinung, dass man schon darauf achten sollte, wo etwas herkommt. Wenn es dasselbe Produkt auch aus der Region gibt, sollte man es kaufen, und nicht eins, das viele tausend Kilometer transportiert wurde. Aber ganz möchte ich auf importierte Lebensmittel auch nicht verzichten. Ich liebe nun einmal ausländische Spezialitäten.

Vielen Dank für Ihre Aufmerksamkeit. Ich beantworte jetzt noch Fragen …

Track 42 . Seite 90, Hören, Teil 1

Hören, Teil 1.

Sie hören nun fünf kurze Texte. Sie hören jeden Text zweimal. Zu jedem Text lösen Sie zwei Aufgaben.

Wählen Sie bei jeder Aufgabe die richtige Lösung. Lesen Sie zuerst das Beispiel. Dazu haben Sie 10 Sekunden Zeit.

Beispiel:

Sie sind am Flughafen.

Sehr geehrte Fluggäste, leider kommt es heute wegen Schnee und Eis zu Verspätungen, einzelne Flüge müssen auch ausfallen. Wir bitten um Geduld und um Ihr Verständnis. Der Flug ST5901 aus Prag konnte leider nicht starten und fällt aus. Flug LH2133 nach Prag, planmäßiger Abflug 10.30 Uhr, wird nun voraussichtlich mit etwa 3 Stunden Verspätung gegen halb zwei starten. Wir bitten Sie aber, weiterhin auf die Durchsagen zu achten. Vielen Dank.

Aufgaben 1 und 2

Sie hören Radio.

Wer Lust auf Musik und Tanz hat, ist heute Abend im „Café Bayer" in der Innenstadt richtig. Ab 19 Uhr werden aktuelle Hits gespielt, der Eintritt ist frei. Oder interessieren Sie sich eher für Filme? Dann schauen Sie doch im Stadtkino vorbei, das nach der Renovierung heute ab 18 Uhr wieder öffnet. In vier Sälen werden aktuelle Filme gezeigt, heute sogar für den halben Eintritt. Wir hoffen, dass für jeden etwas dabei ist!

Aufgaben 3 und 4

Sie hören eine Nachricht auf der Mobilbox.

Hallo Ingo, hier ist Franz. Du warst ja heute nicht beim Fußball, deshalb will ich dir ein paar Informationen zu unserer Feier nächsten Samstag geben. Wir bestellen das Essen und die Getränke jetzt doch bei einem Partyservice. Das ist wohl einfacher so. Aber wir bauen die Tische und Stühle selbst auf und auch die Bühne für die Musiker. Wir treffen uns dann Samstag schon um 10 Uhr, kannst du auch die Luftballons mitbringen? Ach ja, und wir wollen vielleicht ein paar Spiele machen, also, für die Kinder. Hast du noch Ideen? Melde dich doch kurz.

Aufgaben 5 und 6

Sie hören eine Durchsage im Einkaufszentrum.

Auch in dieser Woche gibt es wieder zahlreiche Aktionen für alle Modefans.

Im Bekleidungsgeschäft „J & O" auf der zweiten Etage erhalten Sie heute drei T-Shirts oder Pullover zum Preis von zweien. Schicke Jacken in großer Auswahl gibt es heute schon ab 19,99 Euro und ganz neu im Sortiment bei „J & O": Markenschuhe für Sie und Ihn, heute und morgen bis zu 30 % günstiger.

Und falls Sie noch passenden Schmuck zu der neuen Kleidung suchen – Ketten und Ringe gibt es ab kommendem Monat auch bei „J & O".

Aufgaben 7 und 8

Sie hören eine Durchsage in der Firma.

Liebe Mitarbeiterinnen und Mitarbeiter, morgen findet unser Brandschutztag statt. Das heißt, morgen wird die Feuerwehr in unsere Firma kommen und uns über Verhalten im Notfall informieren. Diese Veranstaltung wird von 11 bis halb zwölf im großen Besprechungsraum stattfinden. Wir bitten aber alle, schon um zehn vor elf da zu sein, weil die Geschäftsführung noch unseren Kollegen aus der Buchhaltung, Herrn Johansson, offiziell in die Rente verabschieden möchte. Danke für Ihre Aufmerksamkeit.

Aufgaben 9 und 10

Sie hören eine Nachricht auf der Mobilbox

Hi Christine, hier ist Tom. Ich habe gerade deine Mail gelesen und will schnell antworten. Leider haben wir ja diese Woche unterschiedliche Schichten und sehen uns dann nicht in der Firma. Also, deinen Vorschlag, dass wir am Samstag ins Schokoladen-Museum gehen, finde ich super. Aber leider habe ich schon meinem Bruder versprochen, beim Umzug zu helfen. Und Sonntag muss ich leider arbeiten. Vielleicht können wir uns für ein anderes Wochenende verabreden? Ruf mich einfach kurz an, ja? Tschüss!

Ende Hören, Teil 1.

Hören, Teil 2.

Sie hören nun einen Text. Sie hören den Text einmal. Dazu lösen Sie fünf Aufgaben. Wählen Sie bei jeder Aufgabe die richtige Lösung a, b oder c. Lesen Sie jetzt die Aufgaben 11 bis 15. Dazu haben Sie 60 Sekunden Zeit.

Guten Morgen, ich begrüße Sie ganz herzlich zu unserer Stadtführung durch Neuenburg. Wie Sie vielleicht schon wissen, haben wir im letzten Jahr das 750-jährige Stadtjubiläum gefeiert – Neuenburg ist also eine alte Stadt und ich zeige Ihnen heute sowohl die älteren Teile der Stadt als auch die moderneren Gebäude, die erst in den letzten Jahrzehnten entstanden sind.

Bevor wir losgehen, möchte ich Ihnen ein bisschen was zum Namen unserer Stadt erzählen. Vielleicht haben Sie sich auch schon gefragt, warum es „Neuenburg" heißt, wenn man doch in der ganzen Stadt keine Burg sieht. Nun, das ist zwar jetzt so, aber als die Stadt vor vielen Jahrhunderten gegründet wurde, stand dort oben auf dem Berg tatsächlich eine kleine Burg. Leider hatte die Stadt aber kein Geld, um sie zu renovieren, deshalb ist sie von Wind und Wetter zerstört worden. Aber wenn Sie einen Spaziergang auf den Berg machen möchten: Oben finden Sie noch die Reste der Burg.

Dann gehen wir hier links auf den großen Platz und dort drüben sehen Sie auch schon das Rathaus. In Neuenburg ist das Rathaus der zentrale Punkt für alle Fragen und Probleme der Bürger. Sie können dort nicht nur einen Pass beantragen oder Sperrmüll bestellen, sondern auch in Mietfragen um Hilfe bitten oder Probleme beim öffentlichen Nahverkehr ansprechen. Das ist anders als in vielen Städten in Deutschland, und die Idee dahinter ist, dass man es den Bürgern hier so einfach wie möglich machen will. Keine langen Wege zu Ämtern, keine Suche nach dem richtigen Ansprechpartner – sondern alles unter einem Dach, nämlich im Rathaus.

Auf dem großen Platz vor dem Rathaus findet übrigens alle zwei Jahre ein großes Musikfestival statt, zu dem Chöre aus aller Welt kommen. Im nächsten Jahr wird das Festival wegen des großen Erfolgs zum ersten Mal nicht nur einen, sondern zwei Tage dauern. Wenn Sie Zeit haben, schauen Sie doch mal vorbei, es findet immer

am ersten Wochenende im Juli statt, und es ist für Besucher sogar kostenlos. Aber natürlich freuen die Veranstalter sich über Spenden, wer tut das nicht.

Damit endet auch schon der erste Teil unserer Stadtführung, jetzt machen wir erst einmal eine Kaffeepause. Dazu habe ich das „Café Müller" ausgesucht, hier gibt es die berühmte Neuenburger Torte, die Sie unbedingt probieren sollten.

Nach der Pause laufen wir dann zum Museum für Knöpfe, eine neu eröffnete Attraktion in Neuenburg. Das älteste Ausstellungsstück ist über 1000 Jahre alt – seien Sie gespannt.

Ende Hören, Teil 2.

Hören, Teil 3.

Sie hören nun ein Gespräch. Sie hören das Gespräch einmal. Dazu lösen Sie sieben Aufgaben. Wählen Sie: Sind die Aussagen richtig oder falsch? Lesen Sie jetzt die Aufgaben 16 bis 22. Dazu haben Sie 60 Sekunden Zeit.

Klaus: Ach, hallo Irina, auch auf dem Weg in die Stadt?

Irina: Hi Klaus! Ja, ich bin mit Katja verabredet. Sag mal, wie war denn eigentlich euer Urlaub, wir haben uns ja noch gar nicht gesehen, seit ihr zurückgekommen seid.

Klaus: Stimmt, dabei sind wir schon wieder 3 Wochen hier, wie die Zeit vergeht ...

Irina: Ja, wirklich, aber ihr wart ja auch nur zehn Tage weg.

Klaus: Warte, ich zeig dir ein paar Fotos vom Urlaub.

Irina: Gerne. Hast du wie immer den ganzen Tag fotografiert? (lacht)

Klaus: Nicht ganz. Ehrlich gesagt wollte ich viel mehr fotografieren, aber meine Frau und die Kinder wollten das nicht ...

Irina: Na, das ist doch wohl klar.

Klaus: Schau mal, hier sind wir den ersten Tag in den Bergen ...

Irina: Ach? Ich dachte, ihr wolltet einen Strandurlaub machen?

Klaus: Hmm, ja, aber das war leider viel zu teuer für uns ...

Irina: Okay, verstehe. Aber Urlaub in den Bergen ist doch auch super. Ich mag das sogar lieber, als den ganzen Tag am Strand zu liegen.

Klaus: Ja, wir haben echt viel unternommen da. Schau mal, hier sind wir in einem Tierpark ...

Irina: Super, das sieht ja so aus, als ob eure Kinder viel Spaß gehabt hätten. Sie lieben doch Tiere, oder?

Klaus: Hmm, der Große schon, aber sein kleiner Bruder hatte erst ein bisschen Angst vor den fremden Tieren. Aber es war natürlich für beide interessant .

Irina: Und das Foto da, gab es in den Bergen etwa ein Schiff? Das kann doch nicht sein, oder?

Klaus: Du hast Recht, das war nicht mehr in den Bergen, sondern in Passau, das ist eine Stadt in Bayern. Da waren wir noch für ein Wochenende, eine Freundin meiner Frau wohnt dort. Und dann haben wir eine Schifffahrt auf der Donau gemacht.

Irina: Toll! Ich träume seit Langem von einer Reise mit dem Schiff, am liebsten nach Südamerika oder Asien.

Klaus: Echt? Das dauert doch bestimmt ganz schön lange.

Irina: Ach, man kann ja eine Strecke fliegen. Aber so eine Reise ist natürlich teuer.

Mario: Klingt aber traumhaft.

Irina: Ja, es ist wirklich mein Traum, deshalb spare ich auch schon seit zwei Jahren. Vor ein paar Monaten hatte ich dann sogar schon genug Geld ...

Klaus: Und warum hast du die Reise dann nicht gemacht?

Irina: Weil dann meine Waschmaschine kaputt ging und drei Wochen später auch noch der Kühlschrank. Du weißt ja, es kommt immer alles auf einmal. Jetzt spare ich halt wieder und hoffe, dass die anderen Haushaltsgeräte noch länger halten.

Klaus: Das hoffe ich auch... So, ich muss aussteigen.

Irina: Ich fahre noch eine Station weiter. Mach's gut!

Klaus: Tschüss!

Ende Hören, Teil 3.

Hören, Teil 4.

Sie hören nun eine Diskussion. Sie hören die Diskussion zweimal. Dazu lösen Sie acht Aufgaben. Ordnen Sie die Aussagen zu: Wer sagt was? Lesen Sie jetzt die Aussagen 23 bis 30. Dazu haben Sie 60 Sekunden Zeit.

Moderator: Guten Morgen, liebe Zuhörer, ich begrüße Sie zu „Gespräch am Morgen", heute zum Thema „Einkaufen rund um die Uhr – müssen Geschäfte an Wochenenden und Feiertagen unbedingt öffnen?"
Ein spannendes Thema, denn heute können wir ja sogar sonntags oder auch an Heiligabend oder Silvester einkaufen gehen – ist das vielleicht zu viel? Meine Gäste heute: Thomas Müller, Verkäufer in einem Bekleidungsgeschäft ...

Herr Müller: Hallo, guten Morgen.

Moderator: … und Mirjam Becker, die als Ärztin arbeitet und natürlich wie wir alle auch einkaufen gehen muss. Willkommen!

Frau Becker: Ja, guten Morgen auch von mir.

Moderator: Herr Müller, ich selbst gehe gerne mal an einem verkaufsoffenen Sonntag einkaufen, weil ich werktags nicht immer die Zeit dafür habe – aber ich denke dann oft: Die armen Leute, die am Sonntag arbeiten müssen. Sehen Sie als Verkäufer das auch so? Hätten Sie lieber frei?

Herr Müller: Naja, Freizeit statt Arbeit hört sich immer gut an. Aber im Ernst: Ich persönlich komme eigentlich an Sonntagen oder auch Feiertagen ganz gern ins Geschäft, um zu arbeiten. An diesen Tagen ist es zwar besonders voll, aber die Kunden sind dann viel entspannter als werktags, wenn sie noch schnell nach der Arbeit in die Stadt rennen, weil sie dringend etwas brauchen. Und in der entspannten Stimmung macht mir die Arbeit natürlich Spaß.

Frau Becker: Wenn ich da gleich etwas ergänzen darf ...

Moderator: Gerne, Frau Becker

Frau Becker: Das erlebe ich in dem Supermarkt direkt neben unserem Krankenhaus ganz anders. Der hat samstags bis um 20 Uhr geöffnet und einmal pro Monat auch sonntags – und es ist unglaublich, was dort dann stattfindet. Viele Leute gehen vor einem Besuch im Krankenhaus dort noch einkaufen und streiten sich geradezu um die Sachen, zum Beispiel Schokolade oder Pralinen, die sind als Geschenk bei Krankenbesuchen natürlich besonders beliebt. Ganz ehrlich: Da gehe ich wirklich nur im Notfall am Wochenende einkaufen.

Moderator: Wie ist es denn eigentlich bei Ihnen, Frau Becker: Sie arbeiten wahrscheinlich viel, haben Sie da überhaupt mal Zeit, um in Ruhe einkaufen zu gehen?

Frau Becker: Ach, das geht eigentlich ganz gut. Ich arbeite ja im Schichtdienst, und wenn ich Frühschicht habe, ist das natürlich gar kein Problem, anschließend noch einkaufen zu gehen. Schwierig wird es nur, wenn ich zwei oder drei Tage im Krankenhaus bin und zwischen meinem Dienst auch dort schlafe. Wenn ich dann an einem Sonntagmorgen Feierabend habe, kann es passieren, dass ich zu Hause vor dem leeren Kühlschrank stehe. Aber ganz ehrlich: Wenn ich das gut plane, kann ich ja rechtzeitig einkaufen, eine ganz einfache Lösung.

Moderator: Aber wäre es nicht praktischer, wenn Sie auch dann einfach noch einkaufen gehen könnten?

Frau Becker: Hmm, naja, es stimmt, praktisch wäre das schon, also für mich. Wahrscheinlich aber nicht für alle ...

Moderator: Das ist eine gute Frage, die ich an Sie weitergeben möchte, Herr Müller. Wie sehen denn Ihre Kollegen oder auch Familie und Freunde das alles?

Herr Müller: Also, viele meiner Kollegen sehen das schon anders als ich. Die möchten gerne das Wochenende mit ihren Freunden verbringen oder, mit den Kindern spielen. Wir versuchen in unserem Geschäft natürlich auch, darauf Rücksicht zu nehmen, aber manchmal geht das nicht und dann muss jemand am Sonntag Jacken verkaufen statt mit Frau und Kindern in den Zoo zu gehen.

Frau Becker: In meinem Umfeld ist das sehr gemischt. Sowohl in meiner Familie als auch im Freundeskreis gibt es Leute, die als Verkäufer arbeiten, und einige sehen das so wie Herr Müller – sie finden das Arbeiten am Wochenende eher entspannt –, während andere sich darüber sehr ärgern. Das hängt auch von der eigenen Einstellung ab.

Moderator: Wahrscheinlich, ja. Kommen wir mal zu einem Argument, das man sehr oft hört: Wenn immer alles geöffnet ist, führt das zu Stress. Und ich kann das bestätigen: Oft meine ich, ich sollte noch in einen Laden gehen, nur weil der gerade offen ist – dabei brauche ich meistens gar nichts. Frau Becker, was sagen Sie als Ärztin dazu?

Frau Becker: Stimmt, das mit dem Stress hört man oft. So allgemein ist das aber nicht richtig. Stress ist sehr individuell, das heißt, was eine Person für Stress hält, findet eine andere vielleicht gut. Man sollte aber als Arbeitgeber schon auf die Meinung der einzelnen Verkäufer Rücksicht nehmen.

Herr Müller: Da kann ich Ihnen nur zustimmen. Meiner Meinung nach muss man auch wirklich Pausen machen, ich möchte auch nicht an jedem Tag im Monat arbeiten. Ruhepausen sind wichtig und wenn ich frei habe, genieße ich die Zeit auch wirklich.

Moderator: Ich habe mich gefragt, was passieren würde, wenn die Geschäfte einfach wieder am Wochenende und an Feiertagen schließen würden. Was denken Sie, Frau Becker? Vielleicht online einkaufen?

Frau Becker: Ich denke, die meisten Leute würden noch mehr online kaufen als jetzt schon. Zum Beispiel kaufe ich ganz viel Bekleidung online, ich finde das einfach praktisch. Und wenn die Bekleidungsgeschäfte am Wochenende gar nicht mehr geöffnet hätten … naja.

Moderator: Ein spannendes Thema, aber leider ist unsere Zeit schon um. Herzlichen Dank für Ihren Besuch und fürs Zuhören!

Ende des Prüfungsteils „Hören".

图字：09-2018-1260号

图书在版编目（CIP）数据

欧标德语教程. B1. 备考训练／（德）比尔吉特·布劳恩，（德）伊芙琳·施瓦茨，（德）桑德拉·霍赫曼著.
—上海：上海译文出版社，2021.11
　　ISBN　978-7-5327-8460-8

　　I.①欧… II.①比…②伊…③桑… III.①德语—教学参考资料 IV.①H33

中国版本图书馆CIP数据核字(2021)第239246号

欧标德语教程B1（备考训练）

比尔吉特·布劳恩
［德］ 伊芙琳·施瓦茨　编著
桑德拉·霍赫曼
薛　琳　　　编译

上海译文出版社有限公司出版、发行
网址：www.yiwen.com.cn
201101　上海市闵行区号景路159弄B座
上海华顿书刊印刷有限公司印刷

开本890×1240　1/16　印张8.5　字数366,000
2022年1月第1版　2022年1月第1次印刷
ISBN 978-7-5327-8460-8/H·1488
定价：42.00元

如有质量问题，请与承印厂质量科联系。T: 021-36162648

ISBN 978-7-88841-444-0

9 787888 414440 >